삶의 속도는 안단테

삶의 속도는

안단테

♪

김형석
에세이

김형석 × 스토리베리 지음

STUDIO:ODR

일러두기

* 노래 제목, 미술 작품명은 홑화살괄호(〈 〉), 앨범 제목, 도서명은 겹화살괄호(《 》)를 사용했습니다.
* 본문의 큐알코드를 통해 김형석 작곡가가 만든 피아노 연주곡을 감상할 수 있습니다.

A Life

위 큐알코드를 접속하면 《삶의 속도는 안단테》를 쓰면서 떠오른 단상을 담은 피아노 연주곡을 감상하실 수 있습니다. 탄생과 사랑, 이별, 격정, 그리고 추억을 담은 곡으로, 템포는 안단테지만 인생이란 모퉁이를 돌면 새로운 것들이 펼쳐지고 마지막엔 추억이 남는다는 느낌으로 들어주시면 좋겠습니다.

추천사

김형석 작곡가는 내가 아는 사람 중 가장 다정한 사람이다. 그는 상대방의 마음을 단숨에 열고, 표정을 읽고, 가슴속의 속삭임을 듣는다. 그리고 그 모든 걸 실물보다 훨씬 예뻐 보이는 거울처럼 다시 비추는 사람이다. 그래서 만날 때마다 기분 좋은 사람이다. 이 책을 읽으며 역시 글은 그 사람과 닮아 있다는 생각이 들었다. 페이지마다 그만의 다정한 통찰로 가득하다. 인간 김형석이 걸어왔던 미로 속의 선물과 함정들이 굴곡을 만들고 멈춤과 깊어짐이 리듬이 되어 사람들 마음속의 무언가를 탁! 하고 건드리는 음악이 탄생했나 보다.

글을 읽으며 나도 모르게 웃음을 짓다가, 또 고개를 끄덕이며 읽는 속도를 늦추다가 책을 덮고 가만히 마음에 담는다. 이 책은 권태와 결핍 사이에서 이것저것 찔러보고 세상에 휘둘렸던 나에게, 다 괜찮다고 그래서 더 깊어진 거라고, 넌 우주의 하나뿐인 예술작품이라고 말해주는 벅찬 위로의 글이다.

오랫동안 그의 음악에 가사를 쓰며 그 감성과 재능, 엉뚱한 자유로움을 닮고 싶다고 생각해왔는데 이제 알았다. 그 모든 것의 위엔 사랑이 있었다. 사람에 대한, 삶에 대한 사랑…. 그래, 그거였다!

양재선 (작사가)

대중이 보는 김형석에게는 거장, 천재라는 타이틀이 붙는다(본인은 가장 싫어할 것이다). 그 표현을 부인할 논리가 없긴 하지만, 가까이서 본 그의 모습에 비해 그런 타이틀은 너무 화려하고 재미없는 액자 같다. 그 안에 걸어만 두기엔 그에게는 너무나 많은 이야깃거리가 있기 때문이다.

오랫동안 한 가지 일을 업으로 삼은 사람의 작품들엔 어쩔 수 없이 그의 삶이 묻어난다. 김형석의 음악은 따뜻하고, 동시에 서글프다. 어지간한 그의 음악들을 다 꿰고 있는 내가 단언컨대, 이 두 가지 요소가 동시에 느껴지지 않는 그의 작품을 들어본 적이 없다. 실제로 그는 현실의 고통을 아름답게 풀어내는 조언을 주는 어른이자, 눈부신 순간의 덧없음을 서글퍼하는 작가였다. 오래 지켜본 그는 내게 이상주의자인 동시에 성숙한 어른인 삶이 가능하다는 것을 알게 해주었다. 어쩌면 우리의 삶은 각각의 교향곡일지도 모른다. 김형석이 세상을 바라보는 시각을 훔쳐보며, 내 삶 또한 그처럼 거시적으로 의미 있고 미시적으로 아름다운 교향곡이 되길 바라본다.

김이나 (작사가, 작가)

김형석. 이 이름이 나에게 주는 감정은 참 설명하기 힘들 정도로 깊고 풍부하고 다양하다. 물론 그 가장 깊은 곳에는 나에게 음악과 삶을 가르쳐준 스승에 대한 감사함이 자리하고 있지만 나이 들어가면서 언젠가부터는 함께 삶의 끝을 향해 달려가는 인간으로서의 동지애, 동료애가 자리 잡게 된 것 같다.

형석이 형이 나에게 정말 특별하고 소중한 이유는 우리가 함께한 과거의 추억들 때문이 아니라 지금 현재 인생의 동료로서 나누는 대화들 때문이다. 뮤지션이 아닌 인간 김형석의 가장 큰 장점은 명석함이다. 난 형석이 형과 대화를 나누면서 단 한 번도 답답하다는 생각을 해본 적이 없다. 형에겐 사람뿐 아니라 주변의 모든 것들의 본질을 꿰뚫어 보고 이해하는 명석함이 있다. 선천적으로 타고난 명석한 두뇌와 거기에 주변 사람, 주변 사물에 시간과 감정을 할애하는 그의 성격이 결합된 결과인 것 같다.

이 책은 우리 주변에 우리가 놓치고 지나가는 것들을 명석하고 섬세한 김형석의 눈으로 다시 보게 해주고, 다시 느끼게 해주고, 다시 생각하게 해준다. 이 책을 읽으면 내가 김형석이라는 사람과 대화를 나눌 때 느끼는 기분을 여러분도 느끼게 될 것이다. 김형석과의 대화에 흠뻑 빠져보시길 바란다.

박진영 (가수, 프로듀서)

"재형아, 네가 해봐!"

베이시스 2집 오케스트레이션을 부탁했을 때 형이 무심히 툭 던진 말이었다. 오케스트라를 녹음해본 적도 없고, 엄청난 비용도 감당하기 어려웠으며, 오선지에서 상상한 내용이 소리로 변환되는 일이 아직 초짜였던 내게 그것은 커다란 도전이었다. 아무래도 못 하겠다 싶어 며칠 뒤 형에게 다시 부탁했을 땐 무서운 목소리로 "지금 해내지 않으면 다신 못 할 수도 있어! 너도 똑같이 배웠는데 왜 못 하니"라고 나를 꾸짖었다. 물론 지금은 '형이 귀찮았구나' 하고 미뤄 짐작할 수 있는 맷집과 이해가 생겼지만 그땐 조금 무서웠다. 그 녹음을 마치고 얼마나 자랑스러웠는지 시도 때도 없이 형 작업실에 오케스트레이션 노래를 틀어댔고 "이럴 줄 알았으면 내가 하고 말걸" 하는 푸념 섞인 형의 말을 들으면 뿌듯한 성배의 미소를 지었다. 나의 음악적 고민이 무엇이든 귀 기울여 들어준 선배. 이젠 그 선배의 글이 많은 친구에게 위로가 되어줄 수 있으리라 생각한다. 때로는 다정하게 때로는 무섭게!

정재형 (가수, 작곡가)

프롤로그

이것은 우리 모두의
현재진행형 이야기

　모든 일에는 원인과 결과가 있다. 어떤 것이든 시작하면 끝이 난다. 이렇게 말하면 아주 단순하지만, 원인에서 결과에 이르는 과정은 단순하지 않다. 원인과 결과가 점과 같다면, 원인과 결과를 잇는 과정은 선과 같다. 그런데 그 선은 하나로 정해진 것이 아니다. 결과만 놓고 보면 하나같지만, 가능성의 관점에서 보면 수천, 수만 개의 선이 있다. '어떻게 만들어갈 것인가'에 따라 과정이 달라지기 때문이다. 그렇기에 시작을 만드는 아이디어나 일을 매듭짓는 완성도도 중요하지만 실행 과정은 더 중요하다.

　오랫동안 작곡가로, 프로듀서로, 회사 리더로 살아오면서 '과정'에 대한 고민을 정말 많이 했다. 과정은 현재 진행형이고 불완전한 상태로 흘러간다. 어제 했던 생각이 오늘 바뀔지도 모르고, 오늘 결정한 일을 내일 후회할지도

모른다. 평생 음악만 할 줄 알았는데 지금은 사업체의 대표를 맡고 있다.

가슴은 작곡가인데 머리는 대표로서 해야 하는 일을 생각하다 보니 가끔은 내 안에서 충돌이 생기기도 한다. 도대체 음악밖에 할 줄 아는 게 없는 바보인 내가 어쩌다 이렇게까지 일을 벌이게 된 것일까? 원인과 결과 사이에 있는 수천 개의 선 중에서 무엇을 건드린 것인지 나조차 고개를 갸웃거리게 된다. 주변의 평가도 다양하다. 누군가는 '천생 음악가니 절대 사업하면 안 되는 사람'이라고 하고, 누군가는 '사업에 제대로 뛰어들면 누구보다 잘할 사람'이라고 한다. 나는 그저 나일 뿐인데 이렇게 극과 극의 평가를 받는다. 이 또한 원인과 결과 사이에 생겨나는 하나의 과정일까? 나는 여전히 내 삶에서 어떤 일이 생길지 어떤 과정을 만들어나갈지 생각하면 무척이나 흥미롭고 재미있다.

어느 때보다 변화의 속도가 빠른 시대다. 한 세대에 일어나는 음악의 발전이라고 하기엔 따라가기도 벅찰 만큼 전혀 다른 환경이 되었다. 예전엔 기타, 피아노, 베이스 등 모든 악기의 연주자가 스튜디오에 같이 모여 아날로그로 연주했다. 그러다 갑자기 디지털화가 되면서 샘플로 다운 받아서 소스를 만들고, 작곡도 컴퓨터로 하더니 이제는 A.I.가 들어왔다. 최근 한 공모전에서 캠페인송을 심사한 일이 있었는데, 굉장히 유니크하다고 여겨서 대상을 준 작품이 A.I.가 작곡한 곡이었다. 심사를 맡은 나조차 짐작하지 못했을 정도로 멋진 곡이었다. 심사 후에야 알게 되어서 수상을 취소해야 하나 논란도 있었지만, 나는 선정을 번복하지 않았다. 이미 A.I.가 우리 삶에 들어온 시대에 A.I.의 도움을 받아 작곡한 것은 반칙이 아니라고 생각해서였다.

예전의 작곡 과정을 돌아보면, 곡은 하나의 아이디어에서 탄생했다. 아이디어가 떠오르면 그 아이디어를 실현하는 지난하고 복잡한 과정이 있었고, 그 과정을 무사히 통과해야 결과가 나왔다. 때로는 성공적인 결과보다 견디고 버텨낸 그 과정을 높이 인정받기도 했다. 그런데 지금은 아이디어가 있으면 A.I.가 과정을 압축시켜 결과를 만들어낸다. 과정에 대한 가치가 사라진 셈이다. 이런 일이 비단 음악에서만 생기지는 않을 것이다. 영상 작업이나 특수효과의 경우 예전엔 100명이 한 달 동안 매달려야 겨우 만들 수 있었던 것을 지금은 A.I.가 단 며칠 만에 끝낸다. 작곡도 마찬가지다. 명령어만 치면 5분도 안 되는 짧은 시간에 한 곡이 뚝딱 나온다. 나도 너무 궁금해서 이런 실험을 해본 적이 있다.

"달에 그랜드 피아노가 있고, 우주 비행사가 거기 앉아서 푸른 별 지구를 바라보며 연인을 그리워하는 노래를 만들어줘."

엉뚱하다면 엉뚱한, 뜬구름 잡는 주제인데 뚝딱 곡이 나왔다. 아, 이제는 모든 패러다임이 바뀌겠구나! 진정으로 깨닫게 된 일이었다. 완성도 면에서야 이견이 있을 수 있지만 이게 현실이다. 아날로그 방식에서 디지털 방식으로 바뀌는 것을 막을 수 없었듯, 어떤 형태로든 A.I.가 음악 안에 들어오는 일을 막을 수는 없다고 생각한다. 이제는 질문이 달라져야 한다.

"작곡은 A.I.가 한다. 인간은 무슨 일을 해야 할까?"

A.I. 작곡이 반칙이 아니라고 생각한 이유도 이 질문과 연관이 있다. 음악은, 음악을 만드는 사람뿐만 아니라 듣는 이도 중요하기 때문이다. 음악의 아름다움을 논할 때 그 음악 자체보다 듣는 사람이 아름답게 들으려는 마음이 훨씬 더 중요하지 않을까? 우리가 아름답다고 느끼는 소리 중에는 자연의 소리도 있다. 새소리, 파도 소리, 대나무 숲을 지나가는 바람 소리 등 수많은 소리에서 아름다움을 느끼듯 우리는 A.I.가 만든 음악을 들으며 감동받을 수 있다. 오히려 아이디어가 훨씬 더 다양하게 증폭될 가능성이 높

아졌다. 음악 창작이 소수의 전유물이 아니라 모두의 것이 되었다. 한마디로 음악을 만들고 듣기만 하는 게 아니라 갖고 놀 수 있는 세상이 되었다고나 할까.

시대가 변했다. 좋든 싫든 우리는 새로운 바다에서 살게 되었다. 이미 바다에 들어와 있는데 물에 젖을 것을 걱정할 필요가 있을까? 파도를 타고, 물결을 이용하고, 이 흐름을 어떻게 적극적으로 활용할 것인지를 고민해야 하지 않을까? 빅데이터 시대, A.I. 시대에 압도적인 데이터의 차이를 인간은 이겨내지 못할 것이다. 곰하고 붙어서 힘 자랑을 할 것인가? 재규어와 붙어서 속도로 이길 것인가? 그런 방식은 인간의 한계와 불완전성을 보여줄 뿐이다. 그런데 이 한계와 불완전성이야말로 우리가 가진 유일한 것이다. 나도 내가 해온 일들을 다 기억하지 못한다. 기억에는 한계가 있다. 불완전하다. 그래서 불안하다. 바로 여기에서 드라마, 감정, 이타심, 역지사지, 유대감, 지속성에 대한 추구 등 모든 일들이 '생겨난다'. 이것이 우리가 A.I.와 다른 점이다. 불완전함에서 나오는 역동성이야말로 인간만이 갖고 있는 특권인 셈이다.

불완전이 특권인 시대다. 이세돌 국수와 인공지능 바둑 알파고와의 대국을 기억하는 사람들이 많을 것이다.

2016년 3월에 열렸던 이 역사적인 바둑 대국은 구글의 딥마인드가 개발한 인공지능 알파고와 세계 최고 프로 선수 이세돌의 'A.I. vs 인간'의 대결로 전 세계적으로 화제가 되었다. 5판 대국 중 3연패를 하던 이세돌은 제4국에서 기적과 같은 승리를 거뒀다. 그런데 그가 이긴 이유가 재미있다. 결정적인 장면은 78수였는데, 알파고의 예상을 뒤엎는 '엉뚱한 수'였기 때문이다. 완벽함이라는 기준으로 보면 빅데이터를 장착한 알파고가 압도적으로 우위였겠지만, 창의성이라는 점에선 인간 이세돌이 앞선 것이다. 언젠가 프랑스 영화 잡지 〈카이에 뒤 시네마〉는 봉준호 감독의 연출법을 'L'art du Piksari(삑사리의 미학)'이라고 소개한 적이 있다. 삑사리가 아니라 '삑싸리'로 발음해야 그 맛이 살지만, 하여튼 이것도 '불완전함에서 새로운 것이 나온다'와 비슷한 맥락일 것이다.

나는 인류학자도 아니고 A.I. 전문가도 아니고 바둑도 모른다. 다만 내가 '지금 이 순간' 어디에 서 있으며, 어디를 향해 가고 있는가에 대해 음악 안에서 고민할 뿐이다. 음악을 만드는 과정도 사람들이 듣는 방식도 커뮤니티의 형태도 음악 시장도 예측하기 힘들 정도로 판이 달라졌다. 그럼에도 나는 여전히 음악을 만들고 음악을 사랑하고 음악을 즐긴다. 중간 과정이야 앞으로도 변하겠지만 음악에 대한 견고한 애정만큼은 변하지 않을 것이다.

돌이켜보면, 처음 음악을 시작하게 된 계기는 소소한 것이었다. 비유하자면, 좋아서 노를 젓던 카약을 탄 것과 같았다. 그런데 어느새 작은 카약은 강물을 벗어나 바다로 가는 돛단배가 되었고, 시간이 흘러 모터가 달린 크루즈가 되었다. 더 많은 사람을 책임지게 된 것이다. 아날로그와 디지털을 거쳐 A.I.에 이르기까지 30년이 넘는 시간 동안 하고 싶은 이야기도 조금씩 쌓였다. 음악, 프로듀싱, 제작, 사업, 작곡, 사람들과의 관계 등 내가 삶에서 만나고 있는 것에 대한 고민이 하나둘 이어져 생각을 정리하고 책을 쓰는 '사태'까지 벌어지고 말았다.

'재미도 없고 드라마틱 하지도 않은 내 이야기를 누가 들어줄까?' 싶기도 하지만 이 책은 내가 이뤄낸 것들에 대한 회고가 아니라 지금도 머리 싸매고 끙끙거리는 고민에 대한 것, 현재 진행되고 있는 일에 대한 것, 여전히 풀리지 않은 의문에 대한 것, 그리고 가슴을 뜨겁게 하는 호기심과 질문에 대한 것이다. 그래서 완전하지 않은 이야기가 되겠지만, 그렇기에 오히려 공감할 수 있는 지점이 있지 않을까?

이 책에 담긴 이야기 중에는 나의 개인적인 추억도 있

고, 다른 사람과 연관된 일도 있고, 앞으로 이루고 싶은 꿈도 있지만, 그 모든 이야기가 '현재' 진행 중인 이야기라는 점에서는 크게 다를 바가 없다. 오래된 음악가의 구태의연한 이야기로 읽히기보다 지금 현장에서 일하고 있는 한 사람의 이야기로 들어준다면, 더 바랄 것이 없을 듯하다.

나는 아직도 하고 싶은 일이 많고, 수많은 일들이 현재 진행 중이다. 완벽하게 해내지는 못한다. 불완전하기에 결과를 만들기까지 계속할 수밖에 없다. 그러니 지금까지 해왔던 것처럼, 앞으로도 꾸준히, 나만의 속도로 걸어가보려 한다.

김형석 드림

차례

미공개 연주곡 005

추천사 006

프롤로그 011

1장 × Intro 나를 만든 음악, 내가 만든 음악

01 친애하는 피아노에게 027
02 영감은 마음에서, 설계는 머리에서 030
03 유재하, 영원히 궁금할 그의 이야기 032
04 부치지 못한 편지로 남은 마음 035
05 빛바랜 편지에 적힌 글자들처럼 039
06 나는 여전히 작곡이 어렵다 041 · 07 멜로디는 고양이다 044
08 인생을 건 단식투쟁 046 · 09 한쪽 문이 닫히면 다른 쪽 문이 열린다 051
10 당신의 모드는 무엇인가요 054 · 11 오늘도 '궁극의 맛'을 찾아서 058
12 지질함을 과감히 드러내며 062 · 13 요즘 음악의 거부할 수 없는 매력 065
14 사라졌던 별 다시 또 태어날 때쯤 068 · 15 음악과 인생은 닮은꼴 072
16 실패를 안 해본 것이 위기 075 · 17 운명의 엘리베이터에서 079
18 힘들었던 그때의 나에게 보내는 편지 082 · 19 마침표를 찍고 나면 086

♬ 김형석의 노랫말 다시보기 _ 사랑이라는 이유로 088

♪ 김형석의 치유하는 음악 _ Moon Light 089

2장 × Verse 인생의 맛

20 그대가 있기에 093 • 21 1,500개의 곡, 1,500번의 슬럼프 095

22 나를 통과해 그들이 빛나기를 100 • 23 완벽함과 불완전함의 블루스 103

24 음악이 나를 기다리던 순간 108 • 25 실망할 결심 111

26 예술가는 유죄 인간 113 • 27 내 안의 문을 열어본 사람만이 117

28 들꽃의 향기를 찾는 사람 120 • 29 한여름의 깨달음 123

30 모든 순간이 소중하다 124 • 31 성공만큼 중요한 실패 126

32 스스로를 달랠 수 있을 때 비로소 어른이 된다 128

♬ 김형석의 노랫말 다시보기 _ 그리움 만진다 130

♪ 김형석의 치유하는 음악 _ Flashback 131

3장 × Bridge 결국엔, 사람

33 숲 137 • 34 '혼자'인 동시에 '함께'할 수 있는 사람들 137

35 거물이 될 상인가 139 • 36 In the Still of Night 142

37 기쁨을 알기에 슬픔도 안다 146 • 38 몽상에 날개를 달아주는 사이 147

39 예의는 노, 싸가지는 예스 150 • 40 자기 일을 사랑하는 사람이 천재 154

41 지나간 것은 지나간 대로 156 • 42 기꺼이 등을 내주리 159

43 '요즘 것들'에게 무한히 배운다 162

44 내 삶의 풍경을 바꿔놓은 존재 166

45 점점 더 다가가는 중입니다 171 • 46 시간이 흐를수록 익어가는 관계 174

47 관계가 물처럼 흔들릴 때 나를 잃지 않는 것 177

♬ 김형석의 노랫말 다시보기 _ 너의 뒤에서 179

♪ 김형석의 치유하는 음악 _ In the Name of Love 181

4장 × Hook 한낮의 열기처럼 아직은 뜨겁다

48 사랑은 그렇게 *185* • 49 왼쪽 가슴에서 심장이 뛰는 한 *186*

50 전생에 지은 죄가 하도 많아서 *188*

51 예민함은 나의 힘 *194* • 52 어린아이의 마음으로 *196*

53 빵꾸 대마왕의 변명 *199* • 54 그냥 하면 된다 *202*

55 몰입과 중독의 위태로운 경계 *204*

56 나의 부족함을 인정하기 *207*

57 흐르는 물처럼 내버려두기 *209*

58 삶의 속도는 안단테 *211* • 59 찰칵, 마음이 열리는 순간 *214*

60 오늘은 금주 중 *218* • 61 꿈을 꿀 것, 내 편을 만들 것 *222*

62 욕구와 욕망의 화해를 꿈꾸다 *226*

63 대중음악의 위대한 매력 *229*

64 도망치는 마음을 붙잡으며 *233* • 65 불완전함을 직시하라 *235*

66 물음표에서 또 다른 물음표로 *237*

67 소리와 마음을 이어주는 사람 *240*

68 내 삶의 마지막 한 줄 *242*

♫ 김형석의 노랫말 다시보기 _ 나였으면 *242*

♪ 김형석의 치유하는 음악 _ Sunset Hill *245*

5장 × Outro 계속 좋아하고 싶어서

69 당신이라는 목적지 *249* • 70 상상 속 친구 핑구 *251*

71 지혜롭게 파도타기 *256* • 72 인간을 치유하는 기술 *262*

73 재미있는 이야기에 환장하는 존재들 *266*

74 예술가여, 골방을 벗어나라 *272*

75 나는 왜 이 일을 하는가? *276* • 76 사업과 예술의 공통점 *279*

77 이별 그리고 만남에 대한 이야기 *284*

♬ 김형석의 노랫말 다시보기 _ 처음 그날처럼 *286*

♪ 김형석의 치유하는 음악 _ All In *288*

에필로그 *289*

부록 *295*

1장

| Intro |

내가 만든 음악,
나를 만든 음악

친애하는 피아노에게

어디에서 왔니.
어느 먼 나라의 바람이 널 키웠니.
어떤 대지의 빛이 널 감싸주었니.
네가 들은 숲의 자장가를 내게도 들려주겠니.

나도 모르는 내 마음, 넌 알고 있어.
보이지 않는 마음, 들리는 소리가 되고
소리는 공중에 흩어져도 음악은 내 안에 남아.

날마다 네게 물들어간다.
어제보다 오늘 더 닮아간다.

너로 인해 깊은 숨을 쉰다.

어디로 가고 싶니.
어느 먼 나라의 바람이 널 부르니.
어떤 대지의 빛이 널 찾고 있니.
네가 잠들 숲의 레퀴엠을 내게도 들려주겠니.

영감은 마음에서,
설계는 머리에서

음악이 좋아 음악대학에 진학했지만, 대학 교육이라는 게 내 생각과는 조금 달랐다. 내가 좋아하는 음악을 실컷 만들고 들을 수 있을 줄 알았더니, 신학기 때 하는 가장 중요한 수업은 음악을 잘게 쪼개어 '분석'하는 것이었다. 시를 좋아하는 사람에게 시의 화자는 누구이고 이 단어에는 무슨 의미가 함축되어 있으며, 시의 주제는 무엇을 암시하는지 파악해보라고 하면, 그 좋아하던 시도 싫어지지 않을까? 음악도 마찬가지다. 음악을 있는 그대로 느낄 수 없으면 음악은 더 이상 음악이 아니게 된다.

슬프게도, 나는 음악을 '업'으로 삼은 이상 '리스너'로 남을 수 없게 되었다. 왜 사람들이 이 음악을 좋아하는가? 어떤 지점에서 이 음악이 '좋은 음악'으로 평가받는가? 대중이 좋아하는 음악에는 어떤 특성이 있는가? 수도 없는 질문을 던지며 음악을 분석하는 것이 내 일이다.

누구보다 마음을 다해 음악을 사랑하면서도, 그 마음만으로 음악을 대할 수 없는 것이 작곡가의 숙명이다. 음악의 설계자라면, 영감은 마음에서 얻더라도 설계는 머리로 해야 한다. 특히 앞으로 음악이 나아갈 길을 생각하면 더 그렇다. 의상, 춤, 가사, 여러 마케팅까지, 음악은 더욱 많은 곳에서 응용될 것이다. 분석, 또 분석해서 대중이 음악을 사랑하는 바로 그 지점, '마스터키'를 찾아내야 내가 음악인으로 남을 수 있다는 사실은 무척 모순적이다. 마음도 바쁘지만, 머리도 바쁘다. 음악이 나아가야 할 길, 내가 만드는 음악이 대중으로부터 멀어지지 않기 위해, 나는 오늘도 열심히 마음과 머리를 굴린다.

유재하,
영원히 궁금할 그의 이야기

내가 입학한 대학엔 밤하늘의 달처럼 빛나는 음악적 존재가 있었다. 태양이 아니라 달이라고 굳이 표현하는 이유는 그의 음악이 모든 사람이 동경하며 눈을 멀게 할 만큼 강렬한 빛이라기보다 홀로 있는 한 사람조차 부드럽게 감싸안는 온화함을 지니고 있었기 때문이다.

유재하.

이 이름을 빼고 나의 음악 인생을 이야기하긴 어렵다. 한 가수의 어떤 노래가 어떤 순간에 위로가 될 수는 있을 것이다. 그런데 한 가수의 모든 노래가 모든 순간에 위로가 되는 일이 가능할까? 내겐 재하 형의 노래가 그렇다. 그의 노래를 들을 때마다 위로받는 기분이 들었다. 그의 노래에는 '이야기'가 있었다. 유재하의 노래였지만 유재하만의 노래가 아니라 나의 이야기였고 우리의 이야기였다.

우리는 보일 듯 말 듯 안개 속에 싸인 길을 걸으며 나에게 주어진 길을 찾을 수 있도록 그대여 나에게 힘을 달라고* 노래했고, 해맑은 미소로 나를 바보로 만든 사람**과 사랑에 빠졌으며, 세상살이에 지쳤을 때 이제와 무엇을 더 보태려 하나 귀 기울여 듣지 않고 달리 보면 그만인 것을 내 마음에 비친 내 모습 그려가리***라고 내 마음의 소리에 귀 기울이지 않았던가.

그가 들려주는 이야기 속에는 그만이 가능한 위로가 있었다. 유재하의 위로는 달콤하지 않았다. 오히려 밤하늘의 달처럼 외롭고 높고 쓸쓸했다. 그래서 더 먼 곳을 보게 했다. 누군가는 그를 '음반 한 장으로 전설이 된 사람'이라고도 하고, 누군가는 '그의 죽음으로 한국 대중음악의 역사

---

* 유재하 작사, 〈가리워진 길〉, 유재하 1집 《사랑하기 때문에》, 1987.
** 유재하 작사, 〈사랑하기 때문에〉, 유재하 1집 《사랑하기 때문에》, 1987.
*** 유재하 작사, 〈내 마음에 비친 내 모습〉, 유재하 1집 《사랑하기 때문에》, 1987.

가 100년 퇴보했다'고도 한다. 모두 그가 이룬 음악적 성취에 걸맞은 상찬이리라. 그러나 내게 재하 형은 좀 더 오래 이야기를 듣고 싶었던 사람이다. 그가 지금도 살아 있다면 얼마나 좋을까. 달에 손을 뻗어도 닿지 않는 것처럼, 그가 살아 있기를 바라는 마음이 헛되다는 걸 알면서도, 삶의 말간 이야기가 그리울 때, 도돌이표처럼 마음의 처음 자리로 돌아간다.

부치지 못한
편지로 남은 마음

　그는 하얀 도화지 같은 사람이었다. 사람에 대한 편견이 없었고 스스로 어떤 권위도 가지려 하지 않았다. 아이처럼 순수했고, 노인처럼 묵묵했다. 나이가 들어도 닳지 않는 '소년성' 같은 게 있었다. 그의 목소리는 애달프면서도 청승맞지 않았고, 투명하지만 가볍지 않았다. 밝고 명랑한 노래도 그가 부르면 세상 슬픈 노래처럼 들렸고, 가벼운 농담도 그의 목소리로 들으면 실연의 고백처럼 들렸다. 맑은 슬픔이 소리가 된다면, 바로 그 사람, 김광석의 음성일 것이다.

　개인적으로 광석이 형에게는 큰 은혜를 입었다. 당시

나는 세상에 갓 나온 병아리와 같았는데, 광석이 형이 풋내기 작곡가가 만든 노래를 불러 세상에 내보내준 것이다. 김광석 1집(1989)에 타이틀 곡으로 실린 〈너에게〉다. 미안하게도 1집의 〈너에게〉는 크게 히트 치지 못했다. 그럼에도 형은 나를 믿고 2집에 실을 곡을 또 의뢰해주었다. '형에게 또 폐를 끼치면 어떡하지' 하는 걱정과 '이번에는 꼭 형에게 도움이 되자'는 결의가 밀물과 썰물처럼 오가는 상황 속에서 쓴 노래가 〈사랑이라는 이유로〉와 〈너 하나뿐임을〉이다.

〈너에게〉 데모 테이프를 들은 편곡자가 '피아노 좀 제법 치는' 것 같으니 녹음할 때 와서 세션 연주를 하라고 했다. 세션 연주가 뭔지도 모르면서 무작정 녹음실로 가긴 갔는데 앙상블 경험이 거의 없었고 밴드 연주도 처음인 데다 긴장까지 하니 연주가 그야말로 '혼이 쏙 빠져나갈 만큼' 엉망진창이었다. 결국 나는 크게 분노한 밴드 마스터의 고함 소리와 함께 녹음실 밖으로 쫓겨나고 말았다. 지금도 그때 장면이 선명하게 떠오른다. 동부이촌동 서울녹음실 계단에 처량한 심정으로 앉아 있는데 광석이 형이 슬그머니 다가왔다.

"형, 나 어떡하지? 다 틀렸어. 음악 그만둘까 봐."

조금은 어리광이 묻어 있는 말이었다. 말은 이렇게 해

도 어린 마음에 내심 "괜찮아. 처음엔 다 그래. 다시 하면 되지"라는 말을 듣고 싶었다. 축 처진 어깨가 형의 격려로 다시 펴지길 바라면서 형의 한마디를 간절히 기다렸다. 말 없이 담배 연기만 내뿜던 형이 특유의 느릿한 어조로 입을 열었다.

"그래. 그만두려면 지금이 낫지."

고개를 끄덕여야 하나, 말아야 하나 어정쩡한 상태에서 나는 새로운 담배에 불을 붙였다. 형도 내 옆에 앉아 새 담배를 꺼냈다. 그렇게 한동안 낮은 계단에 우리는 허리를 숙인 채 쭈그리고 앉아, 낡은 신발 끝을 내려다보다가, 밤하늘 속으로 사라지는 담배 연기를 올려다보다가, 침묵 속에서 그저 있었다. 형의 침묵은 형의 말처럼 깊었고, 느렸고, 편안했다. 말보다 더 많은 이야기를 품은 침묵도 있는 법이라는 걸 그날 알았다. 속상해서 자글자글 끓어오르던 마음이 어느새 차분해지고 자리에서 일어설 즈음엔 가벼운 농담까지 주고받았다. 형은 그런 사람이었다. 진심과 농담 사이의 어딘가에서 혼자 외줄을 타듯, 누군가 자신의 마음을 알아주지 않아도 상관없지만 순진한 마음으로 알아줄 사람은 알아줄 것이라고 믿었다.

광석이 형과는 술에 얽힌 추억도 많다. 어느 날 만취한 상태에서 형의 차에서 밤을 새우고 눈을 떴다. 창밖을 보니 세상에! 하와이였다. 하와이라니! 하와이라고? 너무 놀라서 벌떡 일어났다. 아무리 봐도, 두 번 보고 세 번 보고, 몇 번을 다시 봐도 하와이였다. 시간이 조금 더 흐른 후 정신을 차리고 나서야 하와이가 아니라 외국인 학교 운동장이라는 사실을 알았다. 바람에 흔들리는 키가 큰 나무들, 파란 하늘, 우리 차를 신기한 듯 바라보고 있는 외국인들 덕분에 하와이로 착각한 것이다(그래도 왜 하와이라 생각했는지는 지금까지도 의문이다).

살아서 형보다 늘 어렸던 나는 그가 멈춘 인생의 시간을 훨씬 지나버렸다. 그래도 형을 생각하면 철이 없어진다. 광석이 형에게 난 항상 동생이니까.

"형, 왜 그렇게 일찍 갔어? 나랑 술 좀 더 먹어주지."

그러나 이름을 불러도 그는 대답이 없고, 형을 그리워하는 나의 마음만 부치지 못한 편지로 남아 있다. 언젠가 그런 말을 들은 적이 있다. 천국은 내가 좋아했던 사람들이 모여 있는 곳이라고. 그렇다면, 내가 도착할 천국에는 바람에 흔들리는 키가 큰 나무들과 하얀색 작은 차가 놓여 있을 것이다. 그리고 그 차에는 하회탈을 닮은 함박웃음을 지으며 나를 기다리는 광석이 형이 타고 있을 것이다.

빛바랜 편지지에
적힌 글자들처럼

노래는 감정을 담는 그릇이 아닐까, 하는 생각이 들 때가 있다. 우리가 특정 시기에 좋아했던 옷이나 신발 같은 사물 혹은 연예인이나 작가 같은 사람이 있는 것처럼, 한 시절에만 유난히 강렬하게 느낄 수 있는 감정이 있는 것 같다. 사랑을 느낄 때의 감정도 똑같은 게 아니라 10대가 다르고 50대가 다르다. 상황과 조건이 달라지면 감정도 달라지는 법이겠지만, '어떤 경험'을 해왔느냐에 따라 감정을 느끼는 변곡점이 변하는지도 모르겠다.

나의 초창기 곡들은 대개 내가 직접 경험한 것들을 바탕으로 썼다. 사랑과 이별에 대해 밤새 끙끙대며 써 내려간 노래들이다. 그때의 음악을 다시 들어보면 서툴기도 하고 조금 유치하기도 해 낯부끄럽다. 그렇지만 어쨌든 그 안에는 나의 경험과 그 시절이 그대로 담겨 있다. 어설퍼도 사람의 마음을 울릴 수 있었던 건 그 때문이 아니었을까. 20대의 덜 익었으되 싱그러운 감정들이 그대로 담겨 있기에.

시절이 지나며 나도 조금 노련해졌다. 실제 경험이 아니더라도 책이나 영화, 드라마, 미술작품, 누군가가 해준 이야기에서 영감을 얻는 법도 배웠다. 여전히 젊은 시절의 추억을 비상금처럼 꺼내 쓸 때도 있지만 세상 모든 걸 곡의 소재로 삼을 수 있는 연륜과 경험치 또한 쌓였다. 기술적으로도 옛날보다 훨씬 세련되어졌다. 곡의 구조, 배치 같은 것들을 고려할 줄도 알게 되었다.

그래도 그 시절이 그리울 때가 있다. 그때만 쓸 수 있었던 노래들이 그립다. 연애편지를 쓰듯이 썼던 그때의 노래들. 지나고 보면 부끄럽고 어색하지만, 그보다 더 진심일 수는 없는 노래들. 내가 지나온 시절을 말해주는 노래들. 빛바랜 편지지에 적힌 글자들처럼 그 노래들은 나의 시절을 말해준다. 세월이 흐른 뒤, 이 시절은 나에게 또 어떻게 기억될까?

나는 여전히
작곡이 어렵다

아담과 이브는 최초의 인간이다. 신이 자신과 닮은 형상으로 만들었다는 인류의 원형이다. 이러한 의미 덕분에 아담과 이브는 그간 많은 예술 작품의 소재가 되었다. 미켈란젤로의 〈천지창조〉를 비롯해 아담과 이브를 묘사한 작품을 어렵지 않게 떠올릴 수 있는 걸 보면 말이다.

내게도 원형이 된 음악이 있다. 클래식이다. 피아노를 배우러 오는 학생들로 북적이던 집에서 자라다 보니 무슨 곡인지도 모르고 들리는 대로 따라 불렀다. 나중에야 이름 모를 형, 누나들이 치던 곡이 베토벤, 모차르트, 슈베르트처럼 유명한 작곡가들의 것이었음을 알았다. 뚱땅뚱땅 어설프게 치는 피아노 소리였지만, 그 소리가 내게 한 음 한

음 입력된 것인지도 모른다.

많이 읽은 사람이 글도 잘 쓴다고 한다. 누구보다 그림을 많이 보는 사람은 화가들일 것이고, 요리를 많이 한 사람은 요리사일 것이다. 음악도 그렇다. 많이 들어본 사람을 이겨낼 도리가 없다. 내게는 음악이 생활 그 자체였다. 세수하고 이 닦고 밥 먹는 것처럼 피아노 소리는 항상 내 곁에 있었다. 그래서였을까, 어느 순간부터 버릇이 하나 생겼다. 어디선가 멜로디가 들리면 이런 생각을 했다.

'나 같으면 다음 멜로디는 이렇게 쓰겠어.'

가요든 동요든 가리지 않았다. 나도 모르게 그다음 멜로디를 상상했다. 그러다 다음 멜로디가 흘러나오면 내가 상상한 멜로디와 비교해보기도 했다.

'아, 이 사람은 이렇게 썼네. 멜로디 정말 좋다.'

학교로 향하는 통학버스 안에서 조그맣게 들려오는 라디오 소리에, 할머니 댁으로 향하는 여객 버스 안에 울려 퍼지는 '뽕짝'에, 길거리를 걷다 무심코 울리는 대중가요에, 반 발짝 앞으로 조금 가보는 연습을 했다. 나에게 새겨진 '원형'이 작동하는 시간이었다.

클래식 말고 또 다른 원형을 꼽으라면 '비틀즈'의 노래들이다. 나와 같은 세대라면 비틀즈를 빼놓고 음악 이야기를 할 수 없을 것이다. 비틀즈의 노래는 내가 삶을 살아가는 태도의 원형을 만들어주었다. 소유하는 것에 집착하지 않고, 일이든 관계든 물 흘려보내듯 관조할 수 있는 것도 모두 비틀즈의 〈Let it be〉를 열심히 따라 부른 덕분 아니었을까? 그러고 보니 순리대로 살아가라는 노자의 '무위자연' 사상을 좋아하게 된 것도 그들의 영향인지도 모르겠다.

그러나 인류의 원형인 아담과 이브가 선악과를 따먹고 자신들의 불완전성을 깨달은 것처럼, 완전무결한 클래식이 존재하지 않는 것처럼, 무위자연보다 무소불위에 가까운 인기를 누리던 비틀즈가 해산한 것처럼, 원형은 원형일 뿐 완벽함은 아니다. 완벽한 작곡, 완벽한 음악은 허상에 가깝다. 내 존재가 허술하듯, 내 음악은 불완전하고 여전히 나는 작곡이 어렵다. 숱하게 변하는 시간 속에서 오직 이 사실만이 변하지 않는 듯하다. 모순투성이지만 그럼에도 이 불완전성이 나를 여전히 음악 속에서 살게 하고, 음악을 만들게 하며, 음악으로 숨 쉬게 한다. 나의 불완전과 불안 사이 어디쯤을 메우기 위해 나는 오늘도 피아노의 숲에서 마냥 서성이고 있는가 보다.

멜로디는
고양이다

멜로디를 만드는 일은 고양이랑 노는 것과 비슷하다.

잡힐 듯 잡히지 않고, 애써 잡으려 하면 달아나고. 모른 척,

다른 데로 관심을 돌리면 어느새 다시 돌아와 앞발로 날 건드린다.

톡, 톡, 토독.

"같이 놀래? 나 여기 있는데."

그 모양이 얄미우면서도 천연덕스러운 밀고 당기기에 당해낼 재간이 없다. 모두 다 내팽개쳐버리고 싶다가도, 마

음에 드는 멜로디 몇 마디 쓰고 나면 세상이 다 내 것 같다.

멜로디가 고양이 같은 걸까?
고양이가 멜로디 같은 걸까?

인생을 건
단식투쟁

밤엔 피아노 소리를 들으며 잠이 들었고, 아침엔 피아노 소리를 들으며 잠에서 깼다. 피아노 소리는 때마다 다르게 다가왔다. 어느 날은 봄비처럼 보슬보슬 귓가를 적시는가 하면, 어느 날은 여름 바람처럼 청량했다. 음악적 감수성이 일찌감치 길러질 수 있는 환경에서 자랐으니, 작곡가로선 천운이었던 셈이다.

이런 호사를 누릴 수 있었던 이유는 부모님 덕분이었다. 아버지는 음악 선생님이셨고, 어머니도 피아노를 가르치셨기에 집에는 늘 새벽부터 밤까지 레슨을 받으러 오는 학생들이 많았다. 자연스레 나도 피아노를 배웠다. 피아노는 친구처럼 가까웠다. 그런데 중학생이 되니 피아노를 못치게 하셨다. 1970년대였다. 음악을 한다는 것을 곧 제대로 된 밥벌이를 하지 못하는 것과 같다고 여기던 시절이었다. 부모님은 아들 하나와 딸 셋을 키우며, 빠듯한 살림에 행여 하나뿐인 아들이 음악을 할세라 속을 끓이셨을 게다.

유일하게 좋아하는 게 음악이었기에 맥없이 포기할 수는 없었다. 나름대로 음악을 계속할 수 있는 방법을 찾았다. 마음껏 피아노를 칠 수 있는 데다 여러 사람과 공식적으로 음악을 할 수 있는 장소. 그런 곳이 딱 한 군데 있었다. 교회였다. 클래식 음악 외에 다양한 음악을 접하면서 작곡을 시작했다. 누가 알려주지도 않았고, 작곡 이론도 몰랐지만 내 마음이 가는 대로 음악을 만들었다.

음대에 가야겠다고 결심한 것도 그 즈음이었다. 당연히 부모님은 반대하셨다. 음악을 진심으로 사랑했지만 음악으로 먹고사는 일이 녹록하지 않다는 것 또한 삶을 통해 경험하셨을 터였다. 이때를 생각하면 지금도 가슴 한구석이 찌르르 울린다. 내 분신과 같은 아이가 날아가고 싶다는 방향으로 바람을 불어주기는커녕 꿈의 크기를 정하고, 넘어서는 안 된다며 금을 긋고, 여기까지만 가능하다고 울타리를 치는 행위가 얼마나 가슴 아픈 일인지 나도 아이를 키우면서 깨달았기 때문이다.

입장이 바뀌어 당시 내가 부모였다면 어땠을까. 선선히 그래라, 하진 못했을 것 같다. 피아노 소리를 테니스공처럼 받아내던 든든한 벽 같은 이마 대신, 오랜 가뭄으로 쩍쩍 갈라진 논바닥보다 깊은 주름을 이마에 만들며 한숨부터 쉬지 않았을까. 때로는 100마디 질책보다 침묵 속의 한숨이 더 강한 법이다. 그 한숨을 번역하면 이렇다.

"안정적인 직장도 많은데 왜 하필 음악이냐, 음악이!"

평생 고집을 부려본 일이 별로 없지만 음악을 하고 싶다는 뜻 하나만은 내 의지대로 지키고 싶었다. 고3 입시에 실패한 후 부모님께 선언했다.

"음악 안 시켜주면 밥 안 먹어."

고작 밥이냐고 웃는 사람도 있을 테지만 힘없고 돈 없는 재수생의 유일한 무기는 자신을 굶기는 것밖에 없었다는 점을 이해해주기 바란다. 그리고 단식투쟁은 의외로 쓸 만한 카드였다. 저러다 말겠지 싶었던 부모님도 의외로 단식투쟁이 오래가자 내가 하고 싶은 대로 하라며 마지못해 고개를 끄덕여주셨던 것이다.

오해를 막고자 미리 말해두지만, 사실 단식투쟁을 할 수 있었던 '실제적인 힘'은 음악에 대한 뜨거운 사랑이 아니었다. 나를 견디게 해준 것은 보름달 빵이었다. 아마 나와 비슷한 연배의 사람이라면 기억할 것이다. 둥글고 폭신

한 카스텔라 사이를 달콤한 크림으로 꽉 채운, 그 추억의 빵 말이다. 그러니까 나를 음대에 보낸 것은 보름달 빵인지도(달님, 감사합니다).

한쪽 문이 닫히면
다른 쪽 문이 열린다

대중음악 작곡가가 되는 것이 원래 목표는 아니었다. 대학에서 작곡을 전공했지만, 클래식 작곡가가 되고 싶은 생각도 없었다. 나의 원래 꿈은 '영화음악 작곡가'였다. 재수할 때 〈원스 어폰 어 타임 인 아메리카〉를 본 후 생겨난 꿈이었다. 이 영화 OST의 작곡가가 그 유명한 '엔리오 모리코네'였다. 이 OST를 처음 듣는 순간, 나는 곧바로 결심했다. 영화음악을 작곡하는 사람이 되겠다고! 그런데 불행하게도 85학번인 내가 음악을 공부하던 당시엔 지금처럼 실용음악을 전문적으로 가르치는 곳이 없었다. '음악'을 한다고 하면 무조건 클래식 음악을 떠올리던 시절이었다. 그러니 무엇이 되었든 음악을 하려면 클래식부터 시작해야 했다. 그렇게 한양대학교 작곡과에 입학했다. 그런데 대학에 진학하고 막상 영화음악을 접하고 나니 문득 이런 생각이 들었다.

'이거 내가 할 수 있는 것 맞아?'

그래도 그때는 여전히 동경 속에 있을 때였다. 막연하게 동경하던 대상이 현실로 다가오지도 않았는데 이런 생각이 들었으니 그 후에는 어땠겠는가. 영화음악을 만들려면 정말 다양한 음악을 알아야 했다. 클래식은 물론이고 대중음악, 과거와 미래의 음악, 국경을 초월한 음악 등 엄청나게 많은 음악을 소화해야 가능한 분야였다. 데이비드 포스터 같은 대단한 음악 프로듀서들의 곡을 들으며 영화음악은 내 길이 아닐지도 모르겠다는 생각에 좌절했다.

그러나 신은 한쪽 문을 닫을 때 반드시 다른 한쪽 문을 열어놓는다고 하던가. 내게는 '유재하 형'이 '다른 한쪽 문'이었다. 재하 형을 만나고서 대중음악에 눈을 떴다. 재하 형을 쫓아다니며 보물 같은 대중음악들을 접하기 시작했다. 발라드, 보사노바, 펑키, 미디엄템포 록까지 다양한 음악을 만났다. 대중음악은 생각해본 적도 없던 나였는데, 어느새 조금씩 발을 담그고 있었다. 당시 유명 가수들의 세션으로 참여하기 시작한 것이다. 이름만 나열해도 내로라

하는 가수들이었다. 변진섭, 윤종신, 신승훈, R.ef, 김원준, 김건모 등의 세션을 도맡으며 대중음악 어법을 배웠다. 대중음악 작곡가로 쐐기를 박은 건 김광석 형 덕분이다. 대학을 졸업할 때쯤 이미 내 길은 정해져 있었다. 광석이 형이 어느 날 내게 이렇게 말했다.

"곧 2집 낼 건데 곡 하나 써봐."

그 '곡 하나'가 〈사랑이라는 이유로〉였다. 앞서 말했듯 1집에 실렸던 내 노래는 히트곡이 되지 못했지만 2집에 실린 이 노래는 대중음악 작곡가로 발돋움할 수 있는 발판이 되어줬다. 또 하나의 문이 열린 셈이다. 돌이켜보면, 젊은 시절의 모든 좌절과 모든 실패는 마치 내가 대중음악 작곡가가 되기 위해 일어난 일들 같다. 그러니, 삶의 여정 속에 있는 그대여, 일이 잘 풀리지 않는다고 쉽게 좌절하지 않기를 바란다. 지금 당신이 힘들고 어렵다고 느끼는 그 일은 또 다른 문 하나를 여는 열쇠일 수 있으니.

당신의 모드는
무엇인가요

"반짝반짝 작은 별, 아름답게 비추네."

어릴 때 우리가 많이 불렀던 동요 〈작은 별〉의 가사다. 지금 다시 한번 불러보자. 어떤 느낌인가? 밤하늘에서 반짝거리며 빛나는 별들이 그려지는가? 어릴 때 불렀던 동요를 어른이 되어서 다시 불러보면, 대부분 노래 가사를 의미 그대로 받아들인다. 그리고 아이들도 우리가 동요를 이해하는 것과 같은 방식으로 이해할 것이라 생각한다. 하지만 이런 생각은 어른의 착각이다. 아이들은 동요를 듣고 나면 노랫말에 자기만의 상상력을 더한다. 밤하늘에 비추는 작은 별들을 마음속으로 그려보는 데에서 나아가 별과 관련된 여러 상상을 하고 새로운 이야기를 덧붙인다. 동요가 아이들에게 노래를 가르치는 수단이 아니라 상상력을 키울 수 있는 좋은 재료가 되는 이유이기도 하다.

대학원이나 대학에서 학생들을 가르칠 때, 아이들의 속성을 응용한 수업을 생각한 이유도 성인이 된 학생들이지만 감수성만은 동요를 부르는 아이들과 크게 다르지 않기 때문이다. 안타까운 점은 세상에 나와 프로의 세계로 들어오면 아이의 감수성을 금세 잃어버린다는 것이다. 의뢰받은 대로 쓰고, 대중이 원하는 대로 맞춰가면서 상상력을 상실하고 만다. 그래서 되도록 상상력을 극대화할 방법을 고민하다가 구상하게 된 것이 '모드mode 수업'이다.

모드는 우리나라에서는 잘 사용하지 않는 작곡법이다. 주로 영화음악에 쓰이는데 모드마다 특유의 분위기가 있다. 로크리안Locrian, 프리지안Phrygian, 도리안Dorian, 리디안Lydian 순서대로 분위기가 밝아진다. 로크리안 모드는 가장 어두운 분위기의 모드다. 불안정, 긴장, 긴박함을 자아낼 때 사용한다. 프리지안 모드는 공포감이 돌고 불안한 분위기를 만든다. 도리안 모드는 어두움과 밝음의 중간 느낌이다. 리디안 모드는 애니메이션에서 선호하는 긍정적이고 밝은 느낌을 가진다.

모드 수업에서는 이 다양한 모드를 활용해 하나의 이야기를 여러 관점에서 써보는 것이 과제다. 이야기도 단연

코 평범하지 않은 내용이다. 팀 버튼의 단편집에 나오는 이야기 중 가장 말도 안 되는 이야기를 던져주곤 한다. 예를 들어, '얼음 왕자와 성냥 공주가 사랑에 빠져 서로 껴안았는데 얼음은 녹고 성냥은 꺼졌다'는 문장 하나가 주어지는 수준이랄까? 이 이야기는 비극일까? 사랑일까? 코미디일까? 학생들은 나름대로 상상력을 발휘해 이 이야기의 모드를 결정하고 곡을 써야 한다. 그동안 '메이저', '마이너'라는 스케일만 사용해 작곡하다가 모드라는 생소한 방법을 접하면 처음에는 많이들 헤매기도 한다. 하지만 다양한 세계를 펼칠 수 있다는 점에서 나는 이 수업 방식을 참 좋아한다.

그러고 보면 음악에서 모드는 인간의 기본 정서와도 맞닿아 있다. 리디안은 기쁨, 도리안은 희망, 프리지안은 우울과 불안, 로크리안은 긴장과 공포라고 할 수 있다. 누구에게나 자기만의 개성이 있는 것과 같은 맥락이다. 영화의 등장인물마다 테마 음악이 다 다른 것처럼, 사람들에게도 저마다의 모드가 있다. 그 사람의 정체성, 인간성, 인격을 음악으로 표현한다면 그게 바로 모드가 되지 않을까.

누군가는 나에게 욕심이 없다고 하지만 사실 나는 욕심이 많은 사람이다. 특히 재능 있는 사람에 대한 욕심이 많다. 그들의 바이브에 같이 동참하고 그들의 모드를 찾아내서 좋은 결과물을 내는 일은 생각만으로도 신이 난다. 누구나 자신만의 모드를 갖고 있다. 작곡가, 사업가, 프로듀서 등 여러 명칭으로 불리더라도 궁극적으로는 '모드를 찾아주는 사람'으로 살고 싶다. 오직 자신만의 매력적인 모드를 발견하고 그것을 발전시킬 수 있도록 끊임없이 영감을 주는 사람이자 그것의 의미를 알아주는 사람. 사랑하는 이들의 개성과 가치를 알아보고 그걸 성장시키는 일만큼 밥을 먹지 않아도 배가 부르는 일도 없는 것 같다(물론 밥은 밥, 성장은 성장이다).

오늘도 '궁극의 맛'을 찾아서

술을 워낙 좋아했다(과거형인 게 슬프다). 수십 년 동안 술과 안주를 가까이하다 보니 어떤 사람들은 내가 요리를 잘하거나 맛을 잘 알거나 매일 미식을 즐기는 줄 안다. 하지만 평소 자주 먹는 음식은 라면이나 비빔밥 정도다. 누가 보아도 미식이나 식도락으로 생각할 만한 메뉴는 아니다. 음식은 내게 특별한 이벤트라기보다 평범한 생활이다. 세수하고 이를 닦는 것처럼 하루를 나기 위해 지키는 것에 지나지 않는다.

어느덧 대중음악계에 데뷔한 지도 30년이 넘었다. 언젠가부터 나에게 음악은 '생활 음식' 같은 존재가 되었다. 음악이 곧 생활이고 내 삶에서 음악을 빼면 남는 게 거의 없다. 이따금 제작이나 프로듀싱 같은 '별미'를 맛보기도 했지만, 오랫동안 작업을 반복하며 음악을 빠뜨리고 산 날은 없다. 음악을 밥하듯 지어낼 수 있는 비결이 뭐냐고 묻는 이들에게 늘 얘기하듯 음악 창작에 대한 거대한 비밀 같은 것을 갖고 있지도 않다. 그저 삼시세끼를 챙겨 먹듯 음악을 만든다. 아무리 자극적인 음식도 계속 먹으면 이력이 나듯이, 어떤 자극이 와도 이전보다 훨씬 덜 예민하게 반응할 수 있게 된 덕분일 것이다.

조금 엉뚱한 비유일지도 모르지만, 창작의 과정은 연금술 과정과 닮은 데가 좀 있는 것 같다. 연금술사들이 금이 아닌 물질을 금으로 만들기 위해 온갖 종류의 실험을 했던 것처럼, 창작하는 사람들은 고통, 절망, 좌절 같은 감정을 자기 안에서 오랫동안 제련한다. 실험이 항상 성공으로 끝나는 것은 아니다. 성공보다 오히려 실패를 더 많이 경험한다. 용암처럼 들끓던 감정이 산고의 인내와 고통을 통해 멋진 결과물로 만들어지길 기대하지만, 시간이 지날수록 감정은 무뎌지고 심지어 화석이 되기도 하는 것을 무력하게 바라보는 것이 현실이다. 아픈 마음을 애써 잊으려 가슴 깊이 묻어버린다.

그러다 어느 날 문득, 마음속 어느 한 곳을 살피다가

스스로 묻어버린 화석을 발견한다. 멀쩡해 보이지만 자세히 보면 구멍이 숭숭 나 있고, 단단해 보이지만 손끝만 스쳐도 부서지기 쉽다. 거칠고 찌그러진 면과 동글동글 매끈한 면을 동시에 지닌 화석 하나를 주워 이렇게도 보고 저렇게도 본다. 그리고 자리에 앉아 쓰기 시작한다. 크게 기쁠 일도, 깊게 슬플 일도 없이, 생활하기 위해 밥을 먹듯 본 대로, 느낀 대로 써 내려가는 것이다.

한때 뜨거운 용암이었으나 이제는 차가운 화석이 된 그것에 대하여. 예전엔 지나치게 날것이라 마음을 베였으나 지금은 충분히 정제된 그것에 대하여.

그것, 그 감정을 음악으로 풀어주는 일. 그 일이 나에겐 곡을 쓰는 일이다. 음악이 생활로 자리 잡은 지금은 예전에 비하면 훨씬 안정적이라고 말할 수 있다. 때로는 이런 안정감이 서글플 때도 있다. 작은 자극에도 불처럼 일어나던 감정이 그립다. 아니, 그 감정이 그립기보다 그랬던 때를 그리워하는지도 모른다. 불안정함이 절박함을 만들어내고, 그 절박함 안에서 좋은 곡을 쓸 수 있던 때. 지금 같은 '고참'이 되고 나니 배부른 소리라고 타박 맞을까 싶어 쉽게 말하지는 못하는 나의 속내다.

그럼에도 '불안정'을 향한 희망을 아직 놓지 않고 있다. 오래도록 그 자리에 있었던 물건을 새삼스레 발견하는 순간, 늘 걷던 거리에 새로 들어선 상점을 목격하는 때와 같은 새로움이 나를 다시 찾아올 거라 믿기 때문이다. 어쩌면 이것이야말로 내가 삶에서 계속 경험해온 '궁극의 맛'일지도 모르겠다. 평범한 생활 속 어느 갈피에 숨어 있다가 홀연히 오감을 자극하는 짜릿한 맛. 이 맛에 살아가고, 이 맛에 도전한다.

지질함을 과감히
드러내며

　평생 음악만 해오며 좋은 곡 좀 쓰면 좋겠다는 욕심을 내며 살았다. 그러다 책을 쓰겠다고 마음먹고 나니 좋은 글도 쓰고 싶다는 욕심이 더해졌다. 허술하고 어설퍼 흑역사가 더 많은데, 어떤 이야기를 할 수 있을까? 나날이 고민했다. 내게 성공 신화 같은 건 없다. 있다고 해도 셀프 《용비어천가》 같은, 자기 예찬적인 이야기는 하나 마나, 의미 없다. 차라리 있는 그대로 보여주는 게 좋을 듯했다. 이리저리 흔들리고 때때로 우유부단해지는 내 모습을 보여주면, 책을 읽는 사람들이 위안받지 않을까? 적어도, 책을 읽는 사람들이 이렇게 생각할 수 있기를 바랐다.
　'이렇게 바보 같은 사람도 이만큼이나 하고 산다면 나

도 할 수 있지 않을까?'

　세상은 사람들에게 끊임없이 말한다. "성취하고 성공해야 한다"라고. 너 자신을 개선하고 개조하면서 끊임없이 자기를 계발하지 않으면 돈을 벌 수도 없고, 성공할 수도 없을 거라고 말한다. 그래서 사람들은 없는 힘도 꾸역꾸역 쥐어짜며 자기를 바꿔보려 한다. 설령 그 방향이 자기 천성과 전혀 맞지 않는다 해도 말이다. 그런데 내 생각은 다르다. 내 천성을 깊이 있게 이해하고 그대로 따라가다 보면 분명 얻는 것이 있다. 인간은 누구나 불완전하다. 중요한 건, 각자 삶을 어떻게 만들어나가는가 하는 것이지 모두가 한 방향으로만 달려야 하는 것은 아니다. 누군가의 조언이나 가르침을 따라 삶의 방향을 억지로 바꿀 수 있다는 믿음은 착각일 때가 많다. 허술하면 허술한 대로, 우유부단하면 우유부단한 대로 자기 천성을 이해하는 게 결국 나 자신을 돕는 길이다.

　당신은 허술해도 너무 허술한 게 아니냐고, 누군가는 따져 물을지도 모른다. 많이 듣던 이야기다. 사람을 대할 때도 칼같이 좀 대하라는 잔소리도 종종 듣는다. 관점이나 태도에 칼이 서린 듯, 정확하고 날카롭게 인간관계를 갖추는 이들처럼 살라는 말이지 싶다. 그런데 그 칼이 때로 사람을 공격하거나 자신을 내세우는 데 급급히 쓰이는 걸 볼 때면 의문스럽다. 칼을 쥘 만한 사람들의 손에 칼이 쥐어져 있는 건가?

나는 싫다. 차라리 그 칼끝에 내가 서 있으면 서 있었지, 그 칼을 들이미는 사람이고 싶지는 않다. 날이 선 사람과 허술한 사람 중 무엇이 되겠느냐 물어본다면, 음악과 사람밖에 몰랐던, 그래서 음악밖에 할 수 있는 게 없었던 허술한 인간이 되겠노라고 답하겠다. 이렇게 말하면 내가 뭐라도 된 듯, 거창하게 들릴지도 모르지만, 이런 이야기를 하는 것은 내가 대단한 사람이어서가 아니라 지질함을 갖고 있는 인간이기 때문이다. 게다가 나의 흑역사는 과거에만 한정되는 것도 아니다. 아마도, 앞으로도 쭈욱 이어질 테니까. 그러니 쪽팔리더라도 내 안의 지질함이 얼마나 어마어마한지 지금 고백하는 게 더 낫다. 하긴 이게 숨겨지는 것인가. 애써 숨기려고 한들 숨길 수 있는 게 아닌데.

요즘 음악의
거부할 수 없는 매력

'라떼는 말이야'를 외치지 않겠다고 다짐해놓고, 기어이 이 말을 써야 할 때가 왔다. '요즘 음악'에 대해 말하려면, '나 때'와 무엇이 달라졌는지 조금 이야기해야 한다. '나 때는' 곡이 하나의 맥락으로 이루어져 있었다. 노랫말이 곧 기승전결을 갖춘 이야기였다. 시인이 시 한 편을 써 내려가듯 작곡가가 곡 하나를 전부 쓰는 것이 당연했다. 노래에 담긴 감성과 맥락, 멜로디, 스토리가 작곡가 한 사람의 것이기 때문이다.

그런데 '요즘 음악'에는 이런 맥락이 들어가면 지루해진다. '나 때'의 음악이 천천히 음미하는 시 한 편이었다면, '요즘 음악'은 모든 수단을 동원해 30초 안에 사람들의 시선을 사로잡는 CF와 같다. 요즘 대중은 느긋하게 이야기를 듣는 것보다 귀와 마음에 빠르게 '훅'을 거는 음악을 더 선호하기 때문이다. 만드는 기술 자체도 다르다. 무엇보다 '리듬'이 중요해졌다. 리듬이란 곧, 인간이 감정을 느낄 때 가장 악센트가 되는 부분을 모아 소리로 만든 것이다. '쿵쿵' 하는 리듬 소리는 꼭 심장이 뛰는 소리처럼 들린다. 심장이 뛰는 소리를 닮은 리듬은, 말하자면 가장 원초적인 소리라고 할 수 있다.

원시인들의 음악도 이와 같았을 것이다. 소리로 무언가를 전달하려는 욕구를 느낄 때, 그들은 멜로디를 쓰지 않았을 것이다. 책상을 두드리듯 무언가를 두드렸을 것이다. 말하자면, 그들에게 음악이란 '타악'이지 않았을까. '도레미'와 같은 음계가 생기고, 스케일과 화성이 생겨나기도 전, 가장 원시적인 음악의 형태는 '리듬' 그 자체였을 것이다. 리듬에는 패턴이 있다. 리듬이 반복되는 모양새를 가리켜 '패턴'이라고 한다. 멜로디는 바뀌더라도 이 패턴은 곡 전체에 걸쳐 일정하게 반복된다. 패턴이 반복된다는 건 단지 어떤 리듬이 되풀이된다는 것 그 이상의 의미를 가진다. 무언가를 반복하면 사람들은 최면에 빠지기 쉽다. 최면을 거는 장면을 상상해보자.

'당신은 잠이 온다……잠이 온다…….'

계속 반복하다 보면 잠들지 않고는 배기지 못한다. 똑같은 패턴으로 '잠이 온다'는 말을 들으면, 정말로 잠이 오는 듯한 '느낌'이 들기 때문이다. '요즘 음악'의 매력이 바로 여기에 있다. 음악이 가진 원초적인 '느낌'에 취하게 하는 것이다. 여기에 비트까지 더해지면 우리 안에 숨겨진 원초적인 욕구가 더욱 자극된다. 최면에 걸리듯 음악에 쭉 빨려 들어가는 것이다. 리듬과 패턴이 중요해지면서 '라임'의 중요성도 높아졌다. 라임은 쉽게 말해, '말놀이'다. 힙합에 영향을 받은 것인데, 노랫말의 일정한 자리에 비슷한 소리를 가진 글자를 배치하는 것이다. 이 '말놀이'와 '리듬놀이'를 합해놓으면 절로 흥이 난다. 말과 리듬이 만들어내는 흥을 표현하려면 춤만큼 좋은 게 없다. 발라드보다 댄스곡이 대세가 된 이유일 것이다.

요즘 음악이 '듣기'의 영역을 뛰어넘은 지 이미 오래다. 리듬, 패턴, 라임, 춤 등이 유기적으로 연결되어 하나의 종합예술로써 무대 위에서 표현된다. 게다가 한두 명도 아니고 눈부신 외모를 지닌 아이돌이 떼로 나와 화려한 조명 아래 춤추고 노래한다. 이토록 강렬한 자극 앞에 평상심을 유지하는 일이야말로 '미션 임파서블'일 것이다.

사라졌던 별 다시
또 태어날 때쯤

사는 동안에는 못 볼 거예요.
저기 어둠 속 저 달의 뒤편처럼
나 죽어도 모르실 테죠.
사라져도 모를 저기 저 먼 별처럼
모두 돌고 돌아 제자릴 찾고
사라졌던 별 다시 또 태어날 때쯤
그때쯤 우리 꼭 만나요.
그때는 꼭 혼자 있어줘요.
외워두세요.

성시경 3집에 수록된 곡 중에 〈외워두세요〉라는 노래

가 있다. 내가 곡을 쓰고 박주연 작사가가 노랫말을 썼다. 대개는 내가 곡을 먼저 쓰는 일이 많지만, 이 노래는 가사가 먼저 완성된 상태에서 나중에 곡을 붙였다. 처음 가사를 받았을 때는 말 그대로 '충격'이었다. '사라졌던 별 다시 또 태어날 때쯤'이라니. 어떻게 이런 글을 쓸 수 있지? 충격이라는 말로는 부족했다. 온몸에 소름이 돋을 정도로 좋았다. 한마디로 첫눈에 반해버린 것이다. 작사가 박주연이 얼마나 대단한 재능을 가진 사람인지는 이미 알고 있었지만 놀람을 넘어설 만큼 놀라운 사람이라는 것을 새삼스레 느꼈다. 바로 전화를 걸었다.

"누나, 너무 멋있어. 이런 가사는 도대체 어떻게 써? 뮤즈가 누구야?"

"으음…… 칼 세이건."

칼 세이건? 웬 서양 남자 이름을 대기에 잘생긴 외국 배우쯤 되나 싶었다. 그런데 그는 예상과 달리 《코스모스》라는 책을 쓴 천체물리학자였다. 일단 책을 사긴 샀는데 '천체물리학'이라는 장르에서부터 거리감이 느껴지는 데다 두께 또한 만만치 않았다. 태양 반지름이 어떻고, 우주가 어떻고, 보기만 해도 머리가 지끈거리는 벽돌 같은 이 책을 어떻게 읽고 어디에서 영감을 받았다는 걸까. 박주연 작사가는 특히 책의 머리말에서 인사이트를 얻었다고 했다.

넓고 광활한 우주에 푸른 별 지구는 아주 조그만 점이다. 그곳에서 같은 시대, 같은 지역에서 태어나 나를 만난 아내에게 이 책을 바친다.

좋은 가사를 쓰는 일은 아주 어려운 일이다. 언어에 대한 감각이 있어야 하는 것은 기본이고 곡의 분위기를 파악해야 할 뿐만 아니라 곡에 가사를 붙였을 때 노래하는 가수가 편하도록 입에 딱 붙일 줄도 알아야 한다. 게다가 아, 그 노래! 하면 바로 떠올리도록 인상적인 글귀를 매번 써 내야 하는 극한 직업인데, 그 어려운 걸 박주연 작사가는 해내고, 또 해낸다. 게다가 과학책에서까지 소재를 찾아내는 안목이라니.

이토록 좋은 가사에 내가 보낼 수 있는 최고의 찬사는 가사가 빛나는 곡을 쓰는 것이었다. 그런데 막상 곡을 쓰려니 극적인 멜로디가 떠오르지 않았다. 혹여 노랫말이 다칠까 조심스러운 내 마음과 똑같이 멜로디도 조심스럽게 움직였다. 편곡도 많이 넣지 않고, 가사와 멜로디 사이에서 나도 모르게 밸런스를 찾고 있었다. 가사가 크게 와닿아야 할 부분은 멜로디를 줄였다. 가사와 멜로디 사이에도 최적화된 균형을 찾아야 한다는 걸 이때 알게 되었다. 지금 들어도 〈외워두세요〉는 노랫말과 멜로디가 각자의 색을 잃지 않으면서 서로를 빛내준 곡이라는 생각이 든다. 이 곡이 많은 사람들에게 오래 사랑받기를 바란다.

음악과 인생은
닮은꼴

음악에는 시퀀스와 콘트라스트가 있다. 시퀀스는 같은 멜로디의 파형이 반복적으로 진행되는 걸 말한다. 멜로디가 나온 다음 어떻게 바뀌는지가 시퀀스의 핵심이지만, 통일성은 갖추어야 한다. 어떤 법칙이 존재하는 것은 아니나 변주와 변칙 속에 있는 일관성이 시퀀스가 가진 매력이다. 콘트라스트는 '반전 매력'이라고 볼 수 있다. 예를 들어, 후렴에서 높은음이 주로 쓰이면 그 앞부분은 저음이나 중음을 가져다 쓴다. 후렴의 리듬이 잘게 쪼개져 있다면 앞부분에서는 긴 호흡의 리듬을 사용한다. 앞과 뒤를 대조시켜 듣는 사람들로 하여금 '어?'하는 포인트를 만들어내는 것이다.

계속 같은 시퀀스가 반복되거나 콘트라스트가 없는 음악은 지루해진다. 책으로 따지자면, 더 이상 책장을 넘기고 싶지 않은 책인 셈이다. 그래서 곡을 쓸 때는 시퀀스와 콘트라스트로 포인트를 주는 파트를 먼저 쓴다. 그리고 그 파트와 연결할 수 있는 다른 부분들을 마치 조립해나가듯이 하나씩 쌓아나간다.

최근에 깨닫게 된 일이지만 내가 작곡을 하는 방식은 내 삶의 여정과 닮아 있는 듯하다. 어릴 때부터 음악이라는 큰 '시퀀스' 속에서 성장했다. 그러면서도 몇 번의 변주와 변칙이 있었다. 클래식 음악을 전공하다가 우연한 기회에 대중가요 작곡가가 되었다. 작곡가가 되고 난 후, 내 삶의 어떤 지점은 무척 빠른 호흡으로 지나갔고, 때로 뜻하지 않은 위기 때문에 느린 템포로 리듬을 가다듬어야 할 때도 있었다. 음악가에서 지금은 한 회사의 대표로 변신했으니, 그 자체로도 이미 '콘트라스트'라고 볼 수 있다. 삶은 내 예상대로 흘러가지 않았다.

우리가 음악을 사랑하는 이유는 음악이 우리의 삶과 닮아 있기 때문인지도 모르겠다. 모든 음악은 시작 음이 있다. 그 음에서 출발하여 마지막 음에 도달해야 한 곡이 끝난다. 음과 음 사이에는 간격이 존재한다. 그 간격이 만들어내는 '침묵'은 리듬을 결정한다. 어떤 곡도 완벽하지 않다. 돌아보면 늘 아쉬움이 남는다. 삶도 그렇다. 어느 시점에 태어나 죽음을 맞기까지 삶의 간격이 만들어진다. 그 틈에서 우리는 무언가를 이루려고 애쓰지만 완벽한 삶은 없고 어떤 일이든 돌이켜보면 후회가 남지 않는 일이 없다.

하지만 그래서 재미있다. 시퀀스가 똑같이 반복되거나 콘트라스트가 없을 때 지루한 음악이 되는 것처럼, 우리의 삶도 변화와 성장, 결핍과 실패를 반복할 때 비로소 '재미난 인생'이 되는 게 아닐까? '김형석'이라는 제목의 노래는 어떻게 끝나게 될까? 설레는 마음으로 오늘을 또다시 살아간다. 내가 살아 있다는 감각. 그 '숨결'을 느끼고 싶어 오늘도 음악을 만든다. 음악을 듣는다.

실패를 안 해본 것이
위기

　10대에는 부모가 부재한 것이 위기, 20대에는 꿈이 없는 것이 위기, 30대에는 실패를 안 해본 것이 위기, 40대에는 자식이 죽는 것이 위기라고 한다. 사랑하는 부모와 자식을 잃는 것만큼, 꿈을 잃고 청춘을 낭비하는 것만큼이나 심각한 위기가 바로 실패해야 할 때 실패하지 않는 것이다. 그런 점에서 나는 '실패'하기에 '성공'했다. 1990년대 중반, IMF가 터지기 직전은 한국 대중가요계의 전성기로 불리던 시절이었다. 가요계로 돈이 모이니 대기업들도 너나없이 음반시장으로 뛰어들었다.

　당시 모 기업의 음반 사업을 맡아달라는 제안이 들어왔다. 그쪽에서 제시한 계약금 액수는 엄청났다. 2년 계약

조건으로 23억 원을 주겠다고 했다. 청담동 건물 한 채가 5~6억 원에도 못 미치던 시절이었다. 덜컥 수락했다. 그때 나는 두려울 게 없었다. 가요 차트에 내가 쓴 곡이 대여섯 곡씩 올라가 있던 때였다. 그 영예가 영원히 지속될 것만 같은 환상에 빠져 있었으니 못할 것도 없다고 판단했다. 그런데 나는 30대의 성공한 '음악가'였지, 성공한 '사업가'는 아니었다. 그런 내게 대기업의 음악 사업이라는 큰일이 갑자기 주어졌으니, 마치 시인이 시 잘 쓴다고 출판사 사장이 된 격이었다. 나는 사업 수완이 없는 초짜 사업가답게, 받은 계약금을 음반 제작에 모두 투자했다. 신인가수를 발굴해 데뷔시켰지만, 반응이 영 시원찮았다. 성과를 내야 하니 무리해서 당시 가장 핫한 가수였던 김원준과 계약했다. 그때 만든 음반 타이틀 곡이 그 유명한 〈Show〉였다. "쇼! 끝은 없는 거야!"라는 노래 가사처럼, 나의 '쇼'도 끝이 없을 것만 같았다. 기업에서도 음반의 성공을 무척 반가워했다.

    그런데, 일이 터졌다. IMF가 터지면서 기업들이 줄도산하기 시작한 것이다. 내게 일을 맡긴 기업도 예외는 아니었다. 법정관리에 들어가면서 모든 사업이 문을 닫았다. 음악 사업도 그중 하나였다. 사업을 정리하면서, 내게 내걸었던 계약이 문제가 되었다. 신인 가수 앨범 다섯 장을 내는 것이 계약 조건이었는데, 김원준은 신인 가수에 해당하지 않는다는 것이었다. 28억 원을 돌려내라는 내용증명이 날아왔다. 눈앞이 깜깜했다. 계약금보다도 더 큰 액수를 무슨 수로 물어낸단 말인가. 내가 할 수 있는 일은 그저 '결백'을 주장하는 것밖에 없었다. 계약 조건대로 음반 다섯 장을 제작하면서 사용한 비용과 잔액을 적은 장부를 모두 제출하고 나서야 2년간의 소송이 끝을 맺었다. 다행히 재판부에서 내 손을 들어주었다. 일정 금액을 물어내긴 했지만, 28억 원에 비하면 아무것도 아닌 수준이었다.

사람들 눈에 나는 히트곡을 쓰며 탄탄대로만 걸어온 작곡가로 보일까? 세상 풍파 모질게 맞지 않고 둥글게 둥글게 지내온 사람처럼 보일까? 남들 힘들 때도 운이 좋아 큰 어려움 없이 지금까지 음악 신에 남아 있는 한량으로 보일까? 내게도 시련과 부침과 굴곡이 없었던 것은 아니다. 남들과 비슷할 만큼은 있었을 것이다. 그래도 어디 가서 "진짜 힘들다"라고 떠들고 다니진 않았다. 행복도 불행도 개인이 느끼는 상대적인 것이지만, 혹시라도 심장이 뜯겨나간 사람 앞에서 내 고통은 손톱 밑의 가시가 아프다고 징징거리는 일이 될까 봐 조심스러웠다. 그래도 나에겐 힘든 시간이었기에 이때 2년 동안 소송하며 피 말렸던 기억을 떠올리면 아직도 골치가 지끈거린다. 그럼에도 지금 또 새로운 일을 벌이고 있다. 경험을 통해 배운 게 있으니 예전과 똑같은 실수는 하지 않을 것이다. 쉬운 일도 아니고 앞으로 해결해야 할 일도 많고 결과도 알 수 없지만 이상하게도 골치가 지끈거리기보다 심장이 두근거린다. 앗! 이런 나 때문에 골치가 지끈거리는 사람은 따로 있으려나(미안합니다, 제가 잘하겠습니다).

운명의
엘리베이터에서

 소송에 휘말려 골머리를 앓았지만 그게 반드시 '특정한 누군가'의 잘못이라고 말할 수는 없다. 누가 잘못하지 않아도 상황이 자꾸 어긋나다 보면, 아니 정말 일이 안 되려다 보면 이렇게까지 끝장을 보는구나 싶을 만큼 일이 안 될 때도 있다. 그래도 어제까지 동료라고 여겼던 사람이 오늘부터 갑자기 적이 되는 경험은 '영혼이 얼떨떨해지는' 일이었다. 배신감에 치가 떨렸다. 사람을 그렇게 미워한 것도 그때가 처음이자 마지막이었을 것이다.
 지금에서야 생각해보면, 그 사람도 자기가 속한 조직의 명령에 어쩔 수 없이 따랐던 것 같다. 그걸 조금 더 일찍 알았더라면 덜 미워할 수 있었겠지만, 그걸 알기에 나는 너무 음악만 할 줄 알았지, 세상이란 곳에 대해서는 잘 몰랐다. 소송은 지난하게도 이어졌다. 1심에서 우리 쪽이 승소했지만, 상대가 항소하면서 2심까지 가게 되었다. 1심에서 이미 승소했으니 2심에서도 승소할 확률이 높았다. 상대편에서 합의를 요청해왔다. 나는 '괘씸죄'를 적용해 애초부터 합의에 응할 생각이 없었다. 합의를 위해 법원으로 나오라는 연락을 받았다. '조정'이라고 부르는 절차가 법원 맨 꼭대기 층에서 나를 기다리고 있었다. 그 꼭대기 층에서 원하던 결과를 만나게 될지 시끄럽고 쓰린 속을 겨우 달래가며 엘리베이터로 향했다.

원수는 외나무다리에서 만난다고 했던가. 꼭대기 층으로 올라가는 엘리베이터 앞에서 상대측과 마주치고 말았다. 우리 쪽 둘, 상대 쪽 둘. 네 명 모두 숨 한번 크게 쉬지 못하고 좁은 엘리베이터에 올라탔다. 엘리베이터의 숫자만 하염없이 바라보던 그때, 상대 쪽 직원이 별안간 침묵을 깼다. 그가 한 말은 귀를 의심해야 할 만큼 그 상황에서 믿을 수 없는 말이었다.

"혹시… 사인… 한 장만 해주실 수 있을까요?"

얼마 전까지 발톱을 내세우고 으르렁거리며 나를 공격해온 사람이 내게 사인 요청이라니. 무려 법원에서 조정을 앞두고 어색하고 뻘쭘한 얼굴로 내게 요구하는 게 고작

사인이라니. 허탈함에 헛웃음이 터져 나왔다. 그 바람에 긴장이 풀리면서 나도 모르게 결심했다.

'오늘 합의해줘야겠다.'

화가 나고 서운했던 대상이 '사람'이 아니었다는 걸 그 순간 깨달았다. 나는 그 사람과 나를 그렇게 만든 '세상'에 화가 난 것이었다. 그날 나는 알을 깨고 나오는 작은 새처럼, '현실'이란 걸 알게 되었다. 아무리 사람과 사람 간에 나쁜 감정이 없어도 사회와 세상이 정한 역할에 따라 서로 미워하고 등 돌릴 수도 있다는 걸 말이다. 역지사지의 의미를 알려준, 운명의 엘리베이터였다.

힘들었던 그때의 나에게
보내는 편지

한참을 지나고 나서야 "그때 참 힘들었지"라고 말할 수 있는 순간이 있다. 너무나 힘들어서 '그때'라고밖에 말할 수 없는 때가. 내게도 '그때'가 있었다. 회사가 법정관리에 들어갔고 온갖 소송들이 쏟아졌다. 기대했던 사업은 풀리지 않았고 나에 대한 오해와 소문이 난무했다. 누군가는 '김형석은 끝났다'고 생각했을지도 모른다. 그런데 그 시간도 '이 또한 지나가리라'라는 말처럼 정말 지나가버렸다. 지금의 내가 그때의 나에게 한 가지를 해줄 수 있다면 쉽게 발견할 수 있는 장소에 이런 편지를 써서 놓아두고 싶다.

형석에게

지금 많이 힘들지? 큰 꿈을 안고 '키위컴퍼니'라는 엔터테인먼트 회사를 차렸고, 코스피 상장사를 인수해 주식 시장에 입성도 했고, 한국과 중국을 오가며 사업을 벌이며 몸이 열 개라도 모자랄 만큼 일했는데 노력의 결과가 이런 것이라니. 사는 게 어쩌면 이리도 허탈한지. 회사는 이제 곧 법정관리에 들어가게 될 거야. 그것만큼은 피하고 싶었겠지만 어쩔 수 없네. 더 안 좋은 소식이 있어. 이게 끝이 아니라는 거야. 더 큰 고통이 다가올 테니까. 주주들은 네게 책임을 물으며 온갖 비난의 화살을 쏘아댈 거야. 한 개의 소송을 감당하는 것만으로도 진땀을 뺐던 과거의 일은 연습게임에 불과했다고 생각될 정도로 여러 개의 소송이 정신없이 휘몰아칠 거야. 대여섯 개의 소송이 네 앞으로 쏟아질 거고, 온갖 오해와 억측이 난무할 거야. 엎친 데 덮친 격으로 중국 사업도 뜻대로 풀리지 않겠지.

너는 심각한 불면증에 시달리게 돼. 겨우 잠이 들었다가도 누가 거칠게 머리채를 휘어잡고 끌어내듯 새벽녘에 갑자기 잠에서 깨면, 네 몸 누운 자리를 빼고는 죄다 낭떠러지 같아 꼼짝할 수 없다는 느낌에 사로잡히겠지. 이럴 때 가족이라도 옆에 있다면 괜찮았을까. 넌 돌아눕지도 못한 채 기러기 아빠의 설움을 삼킬 테지. 혼자 있는 밤이면 생각이 파도처럼 밀려오고, 절망의 늪에 빠진 사람처럼 옴짝달싹할 수 없다고 느끼게 될 거야. 여기가 끝일지도 모른다는 두려움에 매일 몸부림치지. '힘내'라는 위로의 말조차 짐으로 들릴 테니 누구와도 만나지 않고 어둠 속으로 계속 빨려 들어가기만 할 거야.

그런데 그거 알아? 세상은 불공평하다지만, 행운과 불운은 누구에게나 공평하게 주어진다더라. 지금 그 시간을 오롯이 견뎌내야 해. 애쓰지 않아도 돼. 노력하지 않아도 돼. 흘러가는 대로 덤덤하게 너 자신을 관찰하기만 하면 돼. 이 실패의 경험은 네가 앞으로 어디로 갈지 방향을 알려줄 거야. 지금 당장은 사방이 벽에 가로막힌 것 같겠지만, 사실 그렇지 않아. 언젠가 이 힘든 시간에 감사하는 날이 올 테니까. 이게 무슨 소리냐고? 너는 이전보다 훨씬 강한 사람이 될 거야. 몇 년만 지나면 더 멋진 파트너들과 함께 새로운 사업도 시작하게 될 거고, 곡도 더 많이 쓰게 될 거야. 세상에 역병이 돌아 모두 마스크를 쓰고 다니는 날이 오는데, 그때 새로운 시장이 열리게 될 거야. 너는 기회를 놓치지 않고 재미있는 일들을 벌이게 되지. 지금 네가 겪고 있는 실패를 딛고 단단해진 끝에 만들어낼 성취들이지.

그러니 너무 힘들어하지 마. 모두 지나갈 거야. 정말 다 지나갈 거야. 좋은 일이든 안 좋은 일이든, 네 삶에 일어나는 모든 일은 네게 필요해서 일어난다는 것, 알고 있지? 그러니 제발 포기하지

마. 아무리 힘들어도 너의 책임을 회피하지 마. 미래의 너는 있는 힘껏 버텨준 이때의 너에게 정말로 감사할 거니까.

이왕 너를 찾아온 김에 천기누설 하나 하고 갈까? 회사 문제는 결국 잘 해결될 거야. 너를 향한 오해도 억측도 언제 그랬냐는 듯 세상에서 사라질 거야. 소송도 아무 문제 없이 해결될 거야. 이 모든 게 사실이야. 곧 저절로 알게 되는 날이 와. 그러니 지금은 비밀이야. 너만 알고 있어. 쉿!

— 미래의 형석

그때의 내가 어떻게 그 시간을 견뎌냈는지 모르겠다. 주변의 도움과 가족의 사랑 덕분일 것이다. 그리고 어쩌면 이 편지 덕분이 아니었을까? 정말로 미래의 내가 그때의 나에게 편지를 써서 괜찮다고, 좀 더 살아보자고, 진심으로 응원하지 않았을까? 천기누설을 하면 안 되니까 편지를 읽자마자 기억을 잃었는지도 모른다. 찾아보면 어딘가에 편지가 남아 있진 않을까? 다 지나고 나니 웃으며 이런 상상을 해본다.

마침표를
찍고 나면

몇 번의 실패와 그보다 더 많은 위기를 겪고, 나는 새로운 삶의 목표를 설정했다.

"딱, 10년만 더 일하자."

앞으로의 10년은 나에게 정말 중요한 시기가 될 것이다. 나 개인뿐만이 아니라 세상도 그렇다. 10년 동안 많은 변화가 예정되어 있다. 코로나19를 계기로 디지털화가 가속되면서 메타버스, 사이버 캐릭터, NFT Non-Fungible Token, A.I. 같은 생전 처음 들어보는 문화가 보편화됐기 때문이다. 그동안 경험을 통해 '이거다!' 싶어 미리 시작했던 사업들인데, 운 좋게 시기가 잘 맞았다. 10년 동안 할 수 있는 한 최선을 다해 달릴 것이다. 10년만 딱 버티고, 10년이 되는 날 뒤도 돌아보지 않고 은퇴할 것이다. 마침표를 찍고 나면 비로소 편안해질 수 있을까? 은퇴하고 나면 아이들을 가르치고 싶다. 일과 상관없이, 하고 싶은 음악을 하며 내가 원하는 대로 살고 싶다. 사랑하는 사람들 불러다 고기 굽고, 노래하고, 멜로디가 떠오르면 곡도 쓰고, 어쩌면 끊은 술도 다시 마시면서, 그렇게 띵까띵까 노는 게 꿈이다.

― 김형석의 노랫말 다시보기 ―

사랑이라는 이유로

사랑이라는 이유로 하얗게 새운 많은 밤들
이젠 멀어져 기억 속으로 묻혀

함께 나누던 우리의 많은 얘기 가슴에 남아
이젠 다시 추억의 미소만 내게 남겨주네

나의 눈물이 네 뒷모습으로 가득 고여도
나는 너를 떠날 수는 없을 것만 같아

사랑이라는 이유로 많은 날들을 엮어가고
언젠가는 우리가 함께 나눌 시간들을 위해

나의 눈물이 네 뒷모습으로 가득 고여도
나는 너를 떠날 수는 없을 것만 같아

사랑이라는 이유로 많은 날들을 엮어가고
언젠가는 우리가 함께 나눌 시간들을 위해

| 김형석 작사, 〈사랑이라는 이유로〉, 김광석 1집 《김광석 2Nd 다시 부르기 1》, 1991. |

―― 김형석의 치유하는 음악 ――

Moon Light

달빛이 내리는 골목길
혼자 걷는 이 길 위에
나의 마음은 그윽한 그리움에 물든다.

달빛이 내리는 자리를 따라
그림자들이 춤을 추고
내 안의 어둠도 끝없이 퍼져가고
마음은 추억의 파도에 흔들린다.

달빛이 내리는 밤하늘 아래
나 혼자 있는 이 시간에
그리움과 외로움이 서로 속삭이고
나의 마음은 고요한 달빛 속으로 빠져든다.

2장

| Verse |

인생의 맛

그대가 있기에

그대는 말하죠, 내 음악이 아름답다고.
하지만 난 알아요. 사실이 아니라는 걸.
그대는 말하죠, 내 음악이 슬프다고.
하지만 난 알아요. 진실일 수 없다는 걸.

내 음악이 아름답다면
그대 안에 아름다움이 있어서예요.
내 음악이 슬프다면
그대 안에 슬픔이 고여서예요.

그대에게 슬픔과 아름다움이 없다면

내가 만든 건 그저 소리일 뿐
나에게서 나온 소리가 음악이라면
그건 그대를 만나서예요.

어제도 오늘도 바라는 건 하나.
내 손끝에서 만들어진 소리가
그대에게 음악이 되는 것.
그게 다예요.

1,500개의 곡,
1,500번의 슬럼프

1989년에 작곡가로 데뷔했으니 30년도 훨씬 넘게 음악과 함께하는 중이다. 지금까지 쓴 곡을 다 합치면 1,500여 곡쯤 될 것이다. 어림잡아 평균을 내보면 한 주에 곡 하나는 꼭 만든 셈이다. '아침에는 발라드 쓰고, 오후에 록 편곡하고, 저녁에 댄스곡 건반 치는' 생활이라고 할 만큼 기계처럼 일하던 때도 있었다. 슬럼프가 없었다면 그게 더 이상하지 않은가. 1,500개의 곡을 만들며 언제가 슬럼프였냐고 물으면 이렇게 답한다.

"1,500곡을 쓰는 동안 1,500번 슬럼프를 겪었다."

모든 곡이 내게 슬럼프였다. 작곡가들은 마치 '작곡의 신'이 내린 듯 단번에 곡을 써 내려갈 것 같지만, 그런 일은 없다. 어떤 사람은 더러 그러기도 한다는데 작곡의 신이 나만 비껴 다녔는지, 나를 만나면 멱살잡이를 당할까 그랬는지 쉽게 곡을 쓴 적은 한 번도 없었다. 항상 무언가에 가로막힌 것만 같았고, 늘 곡이 써지지 않는다고 느꼈다. 그럴 때 할 수 있는 건 회피였다. 이런저런 방법들로 도피했지만 가장 안일한 도피는 술을 마시는 일이었다. 사람들과 어울리며 막막함을 잊어보고 싶었는지도 모른다. 나와 같이 슬럼프를 겪고 있는 작곡가, 가수들과 함께 불안함을 피해 다녔다.

"야, 뭐하냐?"

"오빠, 뭐해요?"

"형, 뭐해요?"

한 명, 두 명, 전화벨 소리가 울리면 약속이나 한 듯이 한곳으로 모여들었다. 술을 마시고 답이 나오지 않는 이야기를 나눴다. 어느 날엔가는 싸구려 폭죽을 사서 한강 고수부지로 갔다. 터지지 않는 영감 대신 불꽃이라도 터트릴 심산이었다. 그러나 아무리 술을 마셔도, 불꽃을 터트려도 곡은 내게 제 발로 찾아오지 않았다. 술에 취하다 못해 체할 때쯤 어렴풋이 알게 되었다. 잠시의 도피는 아무것도 해결해주지 않는다는 것을. 음악 때문에 온 슬럼프는 음악으로 해결해야 한다는 걸. 음악 하는 재능, 곡 쓰는 재주밖

에 없는 사람은 결국 음악과 결판을 내야 한다는 것을. 슬럼프건 아니건 마감 안에 곡을 줘야 하는 사실은 변하지 않았다. 그냥 일하고 술 먹고 자고, 일하고 술 먹고 자고를 반복하며 매일매일 하는 수밖에 없었다.

　이렇게 매일 하면 작곡이 쉬울 것 같은데 그렇지도 않다. 오히려 분석하고 해석하는 노련미가 생기는 만큼 에너지가 떨어질 수도 있다. 이별 곡을 많이 쓰다 보면 어느새 이별에 대한 절절함이 사라지고 그 자리에 이별에 대한 시선만 남는다. 이별을 추억으로 녹여내고 미학적 관점을 붙여 감성에 호소하는 '아름다운 이별 노래'가 되는 것이다.
　사실 내가 이렇게 감당하지 못할 만큼 쩔쩔맨 것도 일에 너무 많은 욕심을 부려서일 것이다. 천성은 발라드인데 댄스 곡도 쓰고 싶고, 록 음악도 만지고 싶으니 이것저것 다 하게 된 것이다. 곡을 쓰는 일은 내게 욕구라기보다 욕망에 가깝다. 욕구는 내 안에 있지만 욕망은 밖에 있다. 내가 하고 싶은 것이 욕구라면, 기준을 두고 꼭 해야만 하는 것은 욕망이다. 이것도 쓰고 싶고 저것도 쓰고 싶은데 생각처럼 안 되니 목이 마르고 속이 탔다. 그렇다고 그저 욕망에 충실하며 "이건 꼭 해야 돼. 이건 꼭 잡아야 돼" 하면서 앞만 보고 가면 됐을 텐데 그러지도 못했다. 호기심은 있었으나 우유부단해서 쉽게 휘둘렸다. 그러느라 마감도 숱하게 어겼다. 아마 내 흰머리는 마감을 어긴 만큼 생긴 게 아닐까 싶다.

나를 통과해
그들이 빛나기를

"그동안 했던 작업 중 100퍼센트를 발휘했던 곡은 어떤 건가요?"

사람마다 '100퍼센트'에 부여하는 의미가 다를 것이다. 누군가는 '만족감'을 떠올릴 수도 있고, 또 다른 누군가는 '완성도'를 떠올릴 수도 있다. 나에게 100퍼센트란 '몰입'이다. 어떤 소재나 테마에 완전히 몰입해 곡을 썼을 때 나는 100퍼센트를 발휘했다고 느낀다. 앞에서 쌓아온 멜로디들이 마지막에 가서 딱 들어맞으며 끝날 때, 그 찰나가 주는 느낌이 있다. 중독될 만큼 짜릿한 느낌이다. 얼마나 완벽한 곡인지는 중요하지 않다. 온전히 몰입했는가가 내게 훨씬 큰 기쁨이다. 완벽이 '결과'라면 완전은 '과정'이다. 완성된 곡보다는 몰입하는 과정이 있기에 내가 음악을 놓지 못하는 것인지도 모르겠다.

그러나 이것은 나의 100퍼센트일 뿐, 노래의 100퍼센트는 아니다. 대중음악은 대상으로 인해 많이 바뀐다. 영감을 대상에서 얻는 것이다. 어쩌면 이런 점이 아마추어와 프로의 차이라고 말할 수 있을지도 모르겠다. 프로가 되면 내 기분과는 상관 없이 일하게 된다. 지금 내 기분은 중요한 문제가 아니다. 우울해도 댄스곡을 써야 하거나, 날아갈 듯이 기뻐도 슬픈 발라드를 만들어야 할 때가 있다. 프로는 기분 같은 사치를 부릴 틈이 없다. 영감이든 재능이든 노력이든 가진 것을 100퍼센트 쏟아부어도 부족할 판에 1퍼센트도 보여주기 어려운 상태라면 어떻게 하면 좋을까?

조금씩이라도 간격을 좁혀나가는 수밖에 없다. 대상을 연구하는 것이다. 댄스 가수를 위한 노래를 만들 때는 그 가수가 춤추는 것부터 찾아본다. 감성적인 발라드 가수를 위한 노래를 만들 때는 그 사람과 직접 이야기를 나눠본다. 무엇을 좋아하고 무엇을 싫어하는지 물어보며, 어떤 감성을 지닌 사람인지 느껴보며 간격을 좁히는 과정을 거친다.

그렇기에 어떤 작업이든 나 혼자 100퍼센트 발휘했다고 하는 것은 애초에 성립이 되기 어려운 말인지도 모른다. 내 직업의 본질은 내 곡을 통해 그 가수가 히트하는 것이다. 내가 곡을 잘 썼다고 쳐도, 노래가 히트하지 못하면 그것을 100퍼센트라고 부를 수 있을까? 작곡가는 그저, 가수를 위해 하나의 '문'이 되어줄 뿐이다. '나'라는 문을 통과해 그들이 더 돋보일 수 있도록 하는 게 이 직업의 본질이니까.

뭐라도 된 것처럼 이런 글을 썼지만, 내가 감정을 잘 다루지 못해 미안한 일을 해버린 가수들이 많다. 너무너무 좋아했던 가수들인데 내 실수로, 내 잘못으로, 다시 만날 기회를 잡지 못하고 멀어져버렸다.

부디, 너그러운 마음으로 용서해주기를.
곧, 다시 만나게 되기를.

완벽함과 불완전함의
블루스

창작자는 표현하려는 욕구를 가진 사람들이다. 나 같은 음악가는 물론이고 미술, 문학처럼 무언가를 만들어내는 일을 업으로 삼은 사람들은 모두 창작자다. 우스갯소리로, 나는 창작자가 하는 일을 '정죄定罪'라고 표현한다. 현생에서 창작자로 사는 건 전생에 지은 죄가 많다는 뜻이니 창작이 주는 고통을 겸허히 받아들여야 한다고 말이다.

창작자는 완벽함을 지향하면서도 불완전함에 머무는 양가적인 속성을 가진 종족들이기도 하다. 완전하게 차려진 '밥상'을 받아드는 것에 익숙해지면 진짜 창작의 재미로부터 멀어지기 때문이다. 나도 마찬가지다. 완전함과 불완전함이란 이를테면 이런 것이다. 회사 대표로서의 나는 편한 환경 속에 있다. 일하다 프린터기 잉크가 떨어지면 담당자에게 잉크를 구매하도록 요청하면 된다. 사람들한테 뭘 시킨다는 게 여전히 어색하긴 하지만, 일의 영역이 명확하게 나뉘어 있으니 그걸 지키는 것도 나의 의무다.

그러나 창작자로서의 나는 불완전한 상태로 돌아간다. 곡을 쓰다 필요한 게 생기면 내가 직접 나가 사 온다. 겉옷을 걸쳐 입고 밖으로 나서면서 경직된 몸을 비로소 조금 움직인다. 고립되어 있던 상태에서 벗어나 세상 밖으로 나간다. 인상 팍 쓰고 골몰해 있던 내게 어두운 기운 같은 게 뿜어져 나오는 것 같다. 그런 나와 세상의 경쾌함은 사뭇 대조적이다.

필요한 물건을 사고 담배도 피우고 동네 한 바퀴 휘리릭 돌다 보면 어두운 기색이 조금 털어진다. 생각이 가득 차 무겁기만 하던 머릿속도 조금 트이는 것 같다. 이 순간, 다시 창작의 힘이 꿈틀댄다. 골몰해 있는 것으로부터 잠시 틈을 갖는 것, 창작자만이 누릴 수 있는 '불완전함'이란 이런 것이다. 불완전함은 창작자가 짊어진 운명이다. 그리고 혼자 있는 시간 또한 창작자가 견뎌야 하는 무게다. 작가들은 대개 여리고 소심하다. 감성을 다루는 일을 하기에 예민할 수밖에 없다. 이런 점을 예전에는 '성격이 지랄 맞게 안 좋아서'라고 생각했는데, 지금은 예민함을 있는 그대로 받아들이기로 했다. 예민하니까 감정을 다룰 수 있다.

"이 책상이 네모나서 곡을 못 쓸 것 같아. 책상이 동그랬으면 좋겠어."

너무 이상하게 들릴지도 모르지만, 이렇게 얘기하는 부류가 창작자들이다. 물론 이 말은 비유지만, 그만큼 예민하고 감성적인 성정을 갖고 태어난 것이다. 그러니 아주 작은 것에도 신경이 쓰이고 그냥 두질 못한다. 완벽함의 함정에 빠지는 것이다. 물론 완벽함에 가까이 도달한 이들도 있다. 베토벤, 모차르트, 라벨, 쇼스타코비치 등 대가들의 악보는 '콩나물 천지'다. 수만 개, 수십만 개 음표가 악보를 가득 채우고 있다. 정말 흥미로운 건, 여기에서 음표를 하나라도 빼면 곡 전체의 균형이 무너져 내린다는 것이다. 왜 이 작곡가들이 '대가'인지 알 수 있는 대목이다. 그 음표가 반드시 있어야 할 자리에 음표를 위치시켰다는 것이다. 다시 말해, 구조가 완벽하다는 말이다. 건물을 지을 때 만드는 설계도가 0.1밀리미터라도 어긋나면 안 되는 것처럼, 이 악보들도 완벽한 구조를 갖추고 있다.

요즘 같은 디지털 시대에는 기계의 힘을 빌려 완벽함을 만들어낸다. '오토 튠'이라는 기술은 음정, 리듬을 포함한 모든 걸 정확하게 맞춰준다. 기계의 손길이 닿으면 곡에 완벽성의 맛이 살아난다. 그래서 지금 대중음악은 음정이 정말 정확하다. 리듬을 하나하나 쪼개 오토 튠으로 다듬기 때문이다. 그야말로 음악에도 0.1밀리미터의 완벽성이 적용되는 것이다. 자기가 만든 곡이 완벽했으면 하는 작곡가의 마음을 모르지 않는다.

그러나 완벽함이란 건 의외로 끝이 없다. 결점을 제거하는 것에 강박적으로 집착하다 보면 계속해서 결점만 보인다. 생각만으로도 숨 막히는 일이다. 나는 곡을 쓸 때 불완전함을 적절히 섞는다. 예를 들어 가수가 녹음하면서 발음이 좀 뭉개진다거나 음정이 약간 안 맞는 일이 있어도 그 부분을 그대로 음원에 담는다. 왜냐하면 사람들은 음악을 들을 때 음정 하나하나가 맞고 틀리는 것보다 음악이 주는 전체적인 '느낌'을 더 중시하기 때문이다. 또 가수의 장점과 단점이 함께 묻어날 때 비로소 그 가수의 개성이 드러나기도 한다. 어떤 배우가 슬픈 연기를 하는 장면을 상상해보자. 서러움이 복받치는 듯 울먹이며 대사를 말하는데, 딕션이 너무 정확하다면 어떨까? 대사가 잘 들리긴 하겠지만 슬픈 감정까지 잘 전달될 수 있을까? 무슨 감동이 있을까? 슬픔이 목 끝까지 차오르면 목메고 말을 더듬는다. 완벽한 발음으로 대사를 전달할 때보다 정확하지 않은 발음이 오히려 슬픈 느낌을 더 잘 전달할 수 있다.

완벽함을 추구하는 것이 맞을지, 불완전함을 인정하는 게 맞을지에 정답은 없다. 예술은 원래 상대적이다. 완벽함을 추구하면 플롯이나 짜임새는 좋을 수 있지만, 감동은 덜하다. 반면 불완전함을 인정하면 감동은 배가 되지만, 자칫 '데모 녹음본'처럼 거칠게 들릴 수 있다. 요즘 유행하는 밸런스 게임이라도 하는 듯하다. 극단적으로 나눠보자면 '대중음악사에 길이길이 남을 완벽한 곡을 쓰는 비운의 작곡가'와 '허술하다는 욕을 있는 대로 먹는 곡을 쓰는 인기 작곡가' 중에서 어느 쪽을 선택할 것인가.

빨대를 물이 든 컵 안에 넣으면 물에 잠긴 부분이 굴절되어 보인다. 예술에서 말하는 불완전함이란 이런 '굴절'이 아닐까? 발생할 수밖에 없는 일이라는 점과 휘어짐을 인정할 수 없다면 물을 버려야 한다는 점에서 불완전함과 굴절은 비슷하다. 완벽함을 원하기에 불완전할 수밖에 없다는 것. 어디에서 적당히 멈출지 오늘도 불가능한 밸런스를 고민하며 이 둘 사이에서 느린 박자의 블루스를 춰본다.

음악이
나를 기다리던 순간

한때 내 삶의 키워드는 세 개였다.

일, 술, 잠.

혼자 작업실에서 살 때였으니 일이 삶이요, 삶이 곧 일이었다. 작은 오피스텔을 얻어 한편에 작업실을 마련해두고, 남은 공간에 몸을 구겨 넣고 쪽잠을 잤다. 곡을 쓰다 막혀, 다 팽개치고 사람들이라도 만나고 온 날에는 집 안이 왠지 더 썰렁했다. 왁자지껄한 사람들의 떠드는 소리에 파묻혀 있다 돌아와서인지 집 안은 너무도 고요했다. 그 간극이 주는 외로움을 견딜 방법이 없었다. 그 단조롭고 불

확실한 시간을 버티게 해준 건 음악이었다. 일과 외로움에 둘러싸여 맨정신으로는 버티기 힘들었던 그 시간 동안, 내 곁을 지켜주던 것도 음악이었다.

그래서 어느 날부터는 외출 전 내 방 오디오에 노래를 틀고 나가기 시작했다. 술에 취해 밤늦게 들어오면, 내가 좋아하는 노래가 나를 반겨주길 바라면서 말이다. 텅 빈 집에서 하루 종일 나를 기다리던 음악. 똑같은 가사를 하염없이 불러대며 음악은 무슨 생각을 했을까? 집 안을 맴돌고 맴도는 멜로디가 있으니 외롭지 않다고 여겼을까? 돌아오지 않는 멜로디의 주인을 기다리며 외로워했을까?

실망할
결심

 열 길 물속은 알아도 한 길 사람 속은 모른다고 한다. 인간의 '깊이'를 알수록 더 '기피'하게 되기도 한다. 인간이 이렇게까지 나약하고 불완전한 존재라는 걸 알게 돼서 그런 걸까. 그래서 사람을 오래 알고 지내다 보면 실망할 일이 생긴다. 실망하고 관계가 비틀어지고 나면 상처도 깊이 남는다. 그 깊이를 알기에 아끼는 이들에게 이렇게 말한다.
 "실망할 결심이나 해놔. 인간은 불완전하잖아. 나도 너한테 지금은 완전한 사람 같겠지만, 언젠가 실망할 날이 올 거야. 마음 안에 인간에 대해 실망할 공간을 비워놓아야 관계가 오래갈 수 있어."
 내가 클래식 음악이 아닌 대중음악의 길로 들어선 이

유도 어쩌면 이 '실망할 공간' 때문이 아니었을까 생각한다. 악기 연주는 어제와 오늘이 다르지 않다. 매 순간 악기가 낼 수 있는 소리는 완벽하게 똑같다. 하지만 사람 목소리는 불완전하다. 한순간도 빠짐없이 완벽하게 노래할 수 있는 사람은 세상에 없다. 이 사실을 알기 때문에 우리는 노래에 실망할 준비가 되어 있고, 실망할 결심을 하곤 한다. 인간이 부르는 노래가 늘 완벽할 수만은 없으니까. 그래서 노래에는 '가사'가 들어가고, 듣는 이의 '감성'이 들어간다. 불완전한 인간이 부르는 불완전한 노래의 빈 공간을 이야기와 듣는 이의 감성이 채워준다. 우리가 오래도록 노래를 좋아하는 이유는 바로 이 때문이 아닐까? 우리 안에 실망스럽고 불완전한 것을 받아들일 마음의 공간이 있기에.

예술가는
유죄 인간

《외계인 인터뷰》라는 책을 읽은 적이 있다. 외계인에 대한 소설 같은 실화라는데, 믿거나 말거나. 진실 여부야 차치해 두고라도, 내용이 제법 자세하고 흥미로워 시간 가는 줄 모르고 읽었다. 책의 내용은 미국의 어느 간호사가 외계인과 접촉해, 그들이 보내는 텔레파시를 받아 적은 것이다. 저자는 자신의 경험을 누구도 믿어주지 않을 것이라 생각했다. 평생 비밀에 부쳐온 사실을 나이가 들어 죽기 직전에야 세상에 말하기로 했다. 그래서 그녀가 자기 경험을 글로 써서 출판사에 보낸 후, 비로소 그 일이 세상에 알려졌다고 한다.

책에서 가장 기억에 남는 부분은 '죄를 지은 외계인의

영혼을 인간의 육신에 가둔다'라는 착상이었다. 저자의 말에 따르면, 외계인에게 지구별은 '감옥'이라고 한다. 외계인이 죄를 범하면 인간의 몸에 그 영혼을 가두는 형벌을 내리고, 영혼이 육신을 빠져나가지 못하도록 지구 외부 막에 장치를 해둔다고 한다. 지구별을 벗어나지 못하는 영혼은 다시 인간으로 환생을 거듭하며 이 세상에서 무한히 고통받는 게 저자의 주장이다. 죄인 중에서도 가장 큰 죄를 지은 외계인은 '예술가'로 태어난다고 한다. 작가, 음악가, 화가 등등 소위 예술 하는 사람들은 죄인 중의 죄인, 중죄인이라고 한다.

'엄청난 죄를 지은 외계인들이 인간의 몸속에 갇혀서 하는 일이 예술 작품을 만들어내는 거라고? 너무한 역설 아니야?'

이런 생각을 하면서도 어쩐지 고개가 끄덕여진다. 창작 활동은 한편으로는 새로운 죄를 짓고 있는 과정처럼 보이기 때문이다. 역사에 길이 남은 예술가들에게는 그들의 예술혼에 불씨를 지핀 '뮤즈'가 있었다. 브람스에게는 스승 슈만의 부인인 클라라가 있었고, 베토벤에게는 불멸의 여인 안나가 있었다. 뮤즈는 예술가에게 영감의 원천이다. 설렘, 아쉬움, 그리움, 비현실적인 아름다움을 충전할 수 있는 은유적인 존재가 바로 뮤즈다.

뮤즈는 유일무이한 존재는 아니다. 그때그때 영감을 주는 사람이 모두 뮤즈다. 스치는 인연의 시간은 짧았더라도 그 순간만큼 진정성을 가지고 영감을 얻은 모두가 예술가에게 뮤즈가 된다. 뮤즈는 유리창 밖으로 내다보는 아름다운 경치 같은 사람이다. 그곳에 가닿지 않고 지켜보기만 하는 존재, 현실과 경계를 두고 멀리서 바라보아야만 하는 환상, 그런 대상이 뮤즈다.

그래서 뮤즈와의 사랑은 결코 이루어지지 않는다. 아니, 이루어지면 안 된다. 뮤즈와의 사랑이 이루어지는 순간, 뮤즈로서의 의미를 잃어버리기 때문이다. 뮤즈와 사랑이 이루어져 결혼하고 나면 어떤 일이 벌어질까? 그 환상은 현실이 된다. 화장실 가는 모습도 보고, 서로 싸우고 화해하다 보면 신비로운 뮤즈의 모습은 온데간데없이 사라진다. 창밖의 경치를 가까이 보고 싶어 유리창을 열었지만, 바깥세상의 먼지와 악취도 함께 밀려 들어온다면 그 경치는 더 이상 아름답고 생경하게 느껴지지 않을 것이다.

예술가에게 뮤즈는 영감의 원천이지만, 뮤즈에게 예술가는 이기적인 상대다. 예술가들이란 순간으로 존재하는 아름다움만 흡수하고 도망치는 사람으로 보이지 않을까? 뮤즈에게 받은 영감으로 예술가는 곡을 쓰지만, 뮤즈는 이루어지지 않은 사랑이 남긴 상실감을 얻는다.

　예술가는 자신이 죄를 지어 인간의 몸에 갇혔다는 사실을 모두 잊고 사는 사람들이다. 그래서 또 그만한 죄를 누군가에게 짓는다. 결국 인간의 불완전성이나 도덕적인 부분에서 제풀에 지쳐가는 예술가들이 많은 이유가 혹시 이 때문인 걸까? 신의 품으로 귀의하는 이들은 현실에서 비현실을, 불완전한 인간에게서 완전함을 좇던 자신의 죄를 알고 있기 때문일까? 음악도 삶도 쉽지 않다고 느낄 때 이렇게 읊조린다.

　"전생에 죄인이어서 그래, 죄를 지어도 너무 많이 지었어."

내 안의 문을 열어본
사람만이

　작곡가는 끊임없이 자기 자신과 만나는 사람들이다. 나도 내 안에 들어 있는 진짜 '나'를 만나기 위해 이따금 내면의 '문'을 두드린다. 그 문을 통과하면 가장 순수한 내가 그곳에 있다. 내게 영감을 주는 기쁨과 슬픔, 만남과 이별의 감각을 느낄 수 있다. 누구도 나를 대신해 경험할 수도, 알려줄 수도 없는 세상에서 나는 오롯이 주인공이다. 나와의 만남은 온전히 나 홀로 해내야 하는 일이다.

　'나'라는 감각으로 충분히 채워지고 나면, 비로소 다른 사람을 위한 '문'이 되어줄 수 있다. 대중음악을 한다는 건 때때로 나를 잃어버리게 만드는 일이다. 나는 내 마음이 어떻든 대중이 듣고 싶은 멜로디와 가사를 만든다. '내'가

하고 싶은 음악보다 '대중'이 원하는 음악을 만들어야 하기 때문이다. 그곳에 '나'는 없다. 그럼에도 나와 만나는 작업이 중요한 이유는 내 안에서만 감정을 느낄 수 있기 때문이다. 내 안의 문을 열고 들어가 그 안에서 출렁이고 팔랑거리며 차갑고도 뜨거운, 가볍지만 무거운 모순투성이의 감정을 온전히 느끼지 못하면 무엇을 노래에 실을 수 있겠는가.

사람들은 음악이 아름답다고 말한다. 정작 음악을 만드는 나는 그렇지 않다고 말한다. 음악이 아름다운 게 아니라 그 음악을 듣는 사람의 감성이 음악을 아름답게 들리게 만드는 거라고 믿는다. 음악은 그저 음과 리듬으로 존재한다. 듣는 사람이 들을 준비가 되지 않았다면 음악은 그저 소리로만 존재할 것이다. 아무리 아름다운 음악을 만들었다 한들 듣는 사람에게 의미가 없다면 소음이 될지도 모르는 일이다. 소리가 사람을 만나면 음악이 된다. 음악을 만드는 중요한 창구는 청자의 감성이다. 그래서 음악을 만들 땐 내 귀에 듣기 좋은 음악보다 '들어줄' 사람들에게 감동을 줄 방법을 고민한다. 내 안으로 들어가 마음의 문을 수시로 열어보는 것이다.

내 안의 문을 열어본 사람만이 상대 마음의 문을 여는

방법도 안다. 내가 실연으로 아파본 적도 없는데 누군가의 이별에 공감하긴 어려울 것이다. 유쾌함을 경험해본 적 없다면 신나는 댄스 곡을 쓰는 게 고역일 것이다. 그래서 어떤 순간, 찰나에 무장해제되는 면이 있는 것 같다. 이성을 이성으로 판단하는 것보다 감성으로 판단할 때 훨씬 더 예리해지기 때문이다. 내 안의 예리함을 잘 다뤄내지 못하면 누군가를 다치게 하는 칼날이 되거나 그보다 못하면 그냥 꼰대가 된다.

들꽃의 향기를
찾는 사람

　음악계에 표절 논란은 항상 있는 일이지만 점점 논란의 주기가 짧아지고, 파장도 커지는 듯하다. 저작권에 대한 개념이 명확해진 덕분이다. 표절은 대개 기존의 노래에 있는 멜로디를 카피해서 쓰는 방식으로 이루어진다. 말하자면 어떤 노래의 멜로디가 마음에 들면, 그 멜로디를 새로 작곡하는 노래의 특정 부분에 끼워 넣는 방식이다. 예전에는 오마주, 콜라보, 샘플링이라고 적당히 둘러댈 수 있었다. 그렇지만 요즘처럼 데이터가 많은 시대에는 다 '걸린다'. 자기 복제조차 조심스러운 시대에 다른 이의 것을 베끼는 건 손바닥으로 하늘을 가리는 격이다.

　가끔 이런 이야기가 들려온다. 이미 좋은 노래가 차고

넘치는데, 완전히 새로운 걸 만들어내는 건 거의 불가능에 가깝다고. 그러나 그게 표절을 합리화할 수 있는 이유는 되지 못한다. 예술의 본질은 단 1퍼센트라도 다른 걸 만들어내는 것이다. 그렇기에 이 일이 스트레스가 심하고, 어려운 동시에 재미있고 의미 있는 것 아닐까? 나라고 표절의 검은 유혹을 느껴보지 않았던 건 아니다. 한번은 곡을 쓰다가, 예전에 내가 좋다고 느꼈던 다른 노래의 멜로디를 가져다 내 곡에 그럴싸하게 끼워 넣어보기도 했다. 그런데 그렇게 곡을 쓰고 나니 내 곡에 대한 자신감이 사라졌다. 분명 좋은 멜로디라고 생각해 끼워 넣었는데 어딘가 부자연스럽고 부족한 느낌이 들었다. 그때 깨달았다. 표절은 작곡가가 망하는 지름길이라는 것을. 무의식중에 들었던 멜로디를 나도 모르게 표절하게 될지 모른다는 위기감에 한동안 곡을 못 쓰기도 했다.

예술은 들판에 널려 있는 들꽃과 같다. 들꽃은 그것을 알아보고 '꽃'이라 이름 붙이거나 '향기'를 맡기 전까지 그저 흔해 빠진 식물에 불과하다. 예술가는 그 들꽃의 '향기'를 찾는 사람이다. 새로운 '들꽃'을 찾아 나서는 걸 두려워하지 않고, 찾기를 게을리하지만 않는다면 꽃은 언제나 그 자리에서 우리를 기다리고 있다. 이미 다른 이의 손에 다듬어진 꽃을 가져다 '들꽃'이라 우겨봐야, 그 꽃이 향기 나는 들꽃이 될 수 있을까.

한여름의
깨달음

천둥벌거숭이 같은 세월을 지내왔다. 음악에만 몰입하다 보니 숫자나 돈 개념도 없었다. 음악 말고 다른 건 그냥 되는 대로. 그런 내 모습을 보고 누군가 내게 '취권'을 쓴다고 말했다. 평소에는 차분하고 여유롭고 허허실실 힘 빼고 사는 사람 같다가도 음악만 앞에 두면 순간적으로 확 몰입해 들어가 마법을 수놓는다고 말했다. 최고의 찬사 앞에 몸 둘 바를 몰라, 나도 모르게 툭 뱉었다.

"몰입하면 나머진 가벼워."

뱉고 보니 영화 대사 같은 말이었다.

여름의 무더위에 에어컨까지 망가져 곧 탈진할 듯 더운 날이었다.

모든 순간이
소중하다

몇 년 전, '팝앤팝 아트컴퍼니'라는 회사를 만들었다. 팝아트 전시회를 보러 갔을 때 떠오른 아이디어 덕분이었다. 팝아트의 리드미컬한 패턴을 보고 있자니, 그 '리듬'이 귀에 들리는 듯했다. 멜로디와 리듬이 반복되는 요즘 아이돌 음악 트렌드와 팝아트의 특성이 유사해 보였다. 팝아트에는 시각적인 리듬이, 팝뮤직에는 청각적인 리듬이 있으니 둘을 엮어보면 어떨까, 하는 호기심이 들었다.

처음에는 팝아트 작가들만 몇 명 모을 생각이었다. 그런데, 어느새 참여하는 작가들이 정말 다양해졌다. 미디어아트, 파인아트, 사진, 그래피티, 웹툰, 설치미술까지 전보다 영역이 훨씬 다채로워졌다. 이 작가들을 보고 있자면,

꼭 '샐러드' 같다는 생각이 들었다. 양상추, 브로콜리, 로메인, 루콜라, 방울토마토, 바질 등등 각자의 고유한 맛과 형태를 가진 채소가 한데 모여 보기 좋은 음식을 만들어내는 듯했기 때문이다. 여러 채소가 쑥쑥 자라나는 농장을 상상하며, 내친김에 회사명도 '아트펌 팩토리'로 바꿨다. 다재다능한 작가들이 함께 모여 NFT 작업을 하고, 대규모 엔터테인먼트사와 협업도 하면서 매출과 투자를 만들어내고 있다. 아트펌이 거두는 뜻깊은 '수확'이다. 여기에서 멈추지 않고 '노느니특공대 엔터테인먼트'를 만들고 사이버 밴드 '사공이호'를 세상에 내보였다.

인생은 계획대로 흘러가지 않는다. 의외로, 엉뚱한 곳에서 더 빛나는 결과가 만들어지기도 한다. 큰 실패를 몇 번 겪어보니 모든 사소한 순간이 소중해진다. 숨겨두었던 보물을 발견하는 것처럼, 생각지 못한 곳에서 좋은 인재가 '팟!'하고 튀어나오기도 한다. 실패는 여전히 겁나는 일이다. 하지만 이렇게 함께 뛰는 이들이 많다면 질풍노도도 얼마든지 달릴 수 있을 것 같다. 또 뛰자, 건강하게.

성공만큼
중요한 실패

 몇십 년 일해보니 이 바닥도 제법 익숙해졌다. 대중에게 사랑받을 곡만 잘 만들면 되는 줄 알았던 나도 여러 해를 보내며 참 많은 일을 겪었다. 별다른 풍파 없이 고상하게 음악만 해온 사람 같다는 이야기를 들을 때면 빙긋이 웃는다. 마음속으로는 이렇게 읊조리면서 말이다.
 '남의 속도 모르고.'
 음악 업계는 백조와 같다. 사람들에게 기쁨과 슬픔, 감동을 선물하는 음악을 다루지만, 그 물밑에서 얼마나 많은 이합집산과 시기, 질투가 이루어지는지 모른다. 생계와 생존이 걸린 어느 업계나 그렇듯, 이곳도 '전쟁터'다. 성공보다 실패가 익숙한 곳이라 더 그런 듯하다. 나도 성공보다 실패가 조금 더 친근하다. 아직 내가 이 업계에서 일하고 있는 걸 보면 '성공'했기 때문이 아니라 '실패'를 더 많이 해봤기 때문인 것 같다. 실패했을 때가 성공했을 때보다 내 모양새가 더 뚜렷해졌다. 잘하는 것, 못하는 것, 죽어도 못하는 것이 실패 앞에서 가려졌다. 모양새가 드러나니 내 곁에 누가 필요한지 알게 됐다. 자연히 사람이 중요하다는 걸 깨달았다. 죽어도 못하겠지만 꼭 해야 하는 게 있을 때, 사람들의 힘을 빌려야 한다는 걸 알게 되었기 때문이다.

어린 나이의 아이돌 가수들을 보면 대견하면서도 한편으로 걱정되는 마음이 든다. 성공만큼 실패도 중요하다는 걸 알기에는 너무 이른 나이가 아닐까 싶어서다. 성공이든 실패든 늘 그 대가가 따른다. 실패의 대가는 사람을 잃는 것이고, 성공의 대가는 외로움을 얻는 것이다.

스스로를 달랠 수 있을 때
비로소 어른이 된다

어른이 된다는 건 어떤 걸까? 성숙한다는 것은 무엇일까? 어른이 되고 나서도 여전히 이 질문은 유효하다. 다만 내 생각으로는, 어른이 된다는 건 자기 천성을 잘 다독일 줄 아는 것과 크게 다르지 않다. 어릴 때는 다들 자기 하고 싶은 대로 하고 산다. 내 장점이 무엇인지, 단점이 무엇인지도 모르는 채로 천성대로 행동한다. 나도 그랬다. 내 천성은 겉보기와 달리 우울과 슬픔, 연민과 예민함 같은 것들이었다. 젊을 땐 그런 천성을 달랠 새도 없이 기분으로 내비쳤다. 현실에서 나와 부대끼는 주위 사람들이 그런 내 모습에 얼마나 힘들었을까. 예민한 순간을 숨기지도 않고, 우울과 자기 연민에 빠져 침잠하는 모습을 그대로 보였으니 말이다.

천성이 왜 천성이겠는가. 하늘이 정해준 성격이니 천성이라고 부른다. 지금도 그 천성을 다 이겨내고 살지는 못한다. 어느 순간, 내 한계가 여기까지구나, 하고 느껴지는 때가 있다. 그렇지만 어른이 된다는 건 스스로 그런 단점을 다스릴 줄 아는 것이다. 마치 제 욕구만 생각하며 마구 울어대는 어린 아기를 어르고 달랠 때처럼 말이다. 천성이 제멋대로 날뛰더라도 자제력을 갖출 때, 우리는 그때 어른이 된다.

천성대로 살라고 태어났는데, 그렇게 살아볼 기회조차 갖지 못하고 어른이 되지 못한, 아이들이 있다. 나 또한 아직 아이인지도 모른다.

김형석의 노랫말 다시보기

그리움 만진다
세월호 추모곡

이 바람 따라 걸으면 널 만날 수 있을까
저 물결 따라 떠나면 널 만질 수 있을까

그래 그래 참 이뻤지 봄날 같던 네 미소
그리움은 깊어만 가고 시간은 더디게 흘러가네

그리운 안부 묻는다 또 바람이 스친다
보고픈 이름 부른다 또 물결이 흐른다

그래 그래 참 고왔지 봄날 같던 네 기억
볕 좋은 날 널 다시 만나 함께 봄나들이 가자꾸나

닿을 수도 없지만 널 볼 수도 없지만 난
보고 또 본다 널 부른다 바람따라 간다
봄 맞으며 널 만진다 그리움 만진다

익숙했던 안부 마저 난 어쩔 수 없을까
잘 가란 말도 못했지 널 보내줘야 할까
다시 널 부른다

| 김형석 작사·작곡, feat. 나윤권 노래, 〈그리움 만진다〉, 《그리움 만진다》, 2017. |

Flashback

음악이 그래서 무서운 것 같아.

서운하게 한 게 있어서 밉다가도
그때 함께 들었던 그 음악을 들으면
그때로 데려다놓는 거야.

그럼 미운 감정은 사라지고
행복했던 그때의 감정만 남아.

사람을 그렇게 만드는 게 음악이야.

3장

[Bridge]

결국엔, 사람

숲

언젠가 너와 함께 숲에 갔었지.
바람이 불 때마다 나뭇잎이 흔들렸어.
나무와 나무 사이를 천천히 걸었어.
아득한 내 마음을 들킬 것 같아서.

세상엔 보이지 않는 것이 많지만
분명히 존재하는 것이 있지.
이를테면 나무 사이로 부는 바람,
먼 우주에서 갓 태어난 샛별,
그 별이 보낸 빛이 지구에 닿기 전
너와 나의 눈빛이 마주치는 순간.

언젠가 너와 함께 숲에 갈 거야.
바람이 불 때마다 나뭇잎이 흔들리겠지.
나무와 나무 사이를 천천히 걷겠지.
아련해진 내 마음을 들키고 싶어서.

'혼자'인 동시에
'함께'할 수 있는 사람들

나는 타고나길 몽상가 기질이 강하다. 몽상가가 어떤 사람이냐면 꿈을 꾸는 사람이다. 그 꿈이 현실이 되려면 실천가가 곁에 있어야 한다. 몽상가와 실천가가 만나면 그때 비로소 '팀'을 이룰 수 있게 된다. 부끄러운 고백이지만 예전엔 이 당연한 사실을 몰랐다. 그래서 교만하고 인색한 사람일 수밖에 없었다. 나'만' 잘났다고 믿으며 살았다. 내 임계 지수는 100에 불과한데, 마치 1,000인 듯 10,000인 듯 내심 자신만만하게 콧대를 세우고(세울 콧대도 없는데) 돌아다닌 것이다. 그렇게 뻐기다가 뼈 맞는 실패를 여러 번 경험하고 난 후에야 100이 내 한계임을 깨달았다. 그때부터 나는 내 임계지수를 70~80 정도로만 설정해둔다. 나머지는 '팀'의 도움으로 채워간다.

'팀'은 머리를 맞대고 아이디어를 낸다. 어떤 아이디어든 나름의 이유와 근거가 있다. 쓸모없는 아이디어 같은 건 없다. 왜 그런 생각을 했는지 함께 거슬러 오르다 보면, 놀랍게도 그곳에서 새롭고 빛나는 생각을 만나게 된다. 좋은 아이디어를 얻는 방법을 말하려는 게 아니다. '팀'이란 아이디어의 좋고 나쁨을 판별하는 관계가 아니다. '팀'이라면 출발점에 함께 서서 생각해보려고 하는 '기꺼운 마음'을 가져야 한다. 그게 '팀워크'다.

나무들이 서로의 공간을 침범하지 않고 자신의 공간에서 오롯이 서 있을 때 아름다운 숲을 이루듯, 팀원 각자의 가치를 인정하고 그들의 생각을 존중할 때 너와 나는 비로소 '우리'가 된다. 모여 있다고 저절로 우리가 되지 않는다. '혼자'인 동시에 '함께'할 수 있는 사람들이 '우리'가 된다. 우리가 되면 팀워크가 생긴다. 사람을 기꺼이 인정하고 존중하겠다는 마음가짐이 곧 팀워크인 것이다. 현명한 팀은 나 혼자 빛나기보다 동료를 더 멋진 사람으로 만들어 줄 줄 아는 사람들이 모인 곳이다. 아름다운 사람들이 모여 훌륭한 팀을 만든다.

거물이 될 상인가

대중음악의 길로 들어서며 '천재'라 불릴 만한 인물들을 많이 만났다. 모차르트, 베토벤, 리스트 같은 역사 속의 천재들만 알고 있던 내가, 살아 있는 천재를 만나게 된 건 정말이지 천운이었다. 그런 감사한 인연 중 한 명이 박진영이다. 진영이는 원래 김건모의 백댄서였다. 가수가 되고 싶어 소속사 이곳저곳의 문을 두드렸는데 잘 풀리지 않은 모양이었다. 퇴짜 맞기를 반복하다 내게 자기가 쓴 곡 몇 마디를 들고 찾아왔다. 나는 그걸 보고 진영이에게 그 자리에서 바로 제안했다.

"너, 나한테 와서 좀 배워보지 않을래?"

그때 진영이는 무명 신인이었다. 명목상 내가 선생 역

할은 했지만, 사실 '교류'했다고 보는 편이 맞다. 그만큼 진영이는 알엔비나 댄스음악에 이미 일가견이 있었다. 진영이는 내게 클래식 음악의 기본기를 배워가고, 나는 진영이가 좋아하는 음악에 영향을 받으면서 함께 성장했다. 가르치고 배우며 서로 성장한다는 '교학상장'이라는 말이 그때 진영이와 나의 관계를 정말 잘 설명하는 단어였다.

진영이는 타고난 재능만 믿고 우쭐대는 법도 없었다. 재능도 가졌는데 노력까지 하는, 말하자면 '괴물' 같은 친구였다. 진영이는 내가 귀찮아서 "이젠 제발 그만 오면 안 되겠니?"라고 할 만큼 내게 집요하게 배웠다. 2년 정도 거의 살다시피 하며 붙어 지냈다. 그 시간 동안 진영이는 자연스럽게 자기만의 색깔을 만들어내며 가수에서 프로듀서로, 제작자로 발을 넓혀갔다. 천재는 노력하는 자를 이길 수 없고, 노력하는 자는 즐기는 자를 따라갈 수 없다고 하던가? 천재가 노력도 하고 즐길 줄도 안다면 '거물'이 된다. 'JYP'가 바로 그런 사람이다.

In the Still
of the Night

친한 가수의 생일 파티에 초대받은 날이었다. 한창 분위기가 무르익던 중, 별안간 문이 열리면서 누군가 머리를 빼꼼 들이밀었다. 누구도 초대한 적 없는 이에다 얼굴도 낯선 사람이었다. 자리에 앉아 있던 이들 모두 눈치만 주고받았다. 내 맞은편에 앉아 있던 이는 날 보며 입 모양으로 "누구야?"라고 물었다. 난들 알 리가 있겠는가. "나도 몰라"라는 말 대신 어깨를 으쓱해 보였다. 그때 그 낯선 이가 입을 열었다.

"저… 제작자 OOO라고 하는데요. 김형석 작곡가님을 좀 만나 뵈러 왔습니다."

일순간 모든 이의 시선이 내게 꽂혔다. 그 모두의 눈

빛에서 나는 매우 강력한 하나의 메시지를 읽어낼 수 있었다.

"빨리 나가서 해결하고 와."

그런데 나도 난감하긴 마찬가지였다. 나를 찾아왔다고는 하는데 누구인지 통 기억이 나지 않는 것이었다. 일단 내 이름 석 자가 나온 이상 어쨌든 내가 분위기를 수습해야 했다. 문간으로 나가 그에게 이름을 다시 물었다. 그 이름을 몇 번 되뇌고 나니 비로소 어렴풋이 기억이 떠올랐다. 신인을 하나 키우고 있는데 실력에 비해 1집이 잘 안 됐으니, 2집 때는 나에게 곡을 꼭 좀 부탁하고 싶다고 계속 연락하던 사람이었다. 당시 나는 우유부단함 때문에 한계치까지 차오른 일감으로 당분간 '잠수 모드'에 빠져 있던 때였다. 내가 계속 피하고 연락을 받지 않으니 내 동선을 파악해서 거기까지 찾아온 것이었다.

"아무리 그래도 그렇지, 이런 데까지 찾아오시면 어떡해요. 다음에 다시 연락합시다."

"작곡가님, 얘들 미국 LA에서 저만 믿고 한국에 왔어요. 노래하는 거 딱 한 번만 들어봐 주세요. 들어보고도 별로라고 하시면 제가 다시는 귀찮게 안 하겠습니다."

"하 참……."

동료들 앞에서 내 체면도 말이 아니었지만, 더 곤란한

건 제작자 뒤에 서 있는 젊은 애들 무리였다. 머리는 교포 머리에, 몸에는 맞지도 않는 헐렁한 양복을 걸친 채 얼빠진 표정을 한 풋내기들을 내로라하는 가수들에게 무어라 소개한단 말인가.

"그럼 아는 노래 아무거나 한 곡 하고 가요."

자포자기 심정으로 세 명을 가라오케로 들였다. 그런데 이 풋내기들이 한참을 쭈뼛대며 서 있더니 한다는 말이, 한국 노래는 아는 게 없단다. 내 얼굴은 이미 빨개질 대로 빨개진 상태였다. 고개를 들지 못하고 술만 연거푸 들이켜는데 갑자기 무반주로 노랫소리가 들려왔다. ⟨In the Still of the Night⟩을 반주 없이 3인조 아카펠라로 하는 것이었다. 몇 소절 듣지도 않았는데 감이 확 왔다. 좋은 것을 들을 줄 아는 귀가 나한테만 있는 것은 아니었다. 노래가 끝나기도 전에 그 자리에 있던 가수들 입이 떡 벌어졌다. 처음에는 눈길도 안 주던 친구들을 옆자리로 모시려고 너도나도 자리에서 일어나는 진풍경이 벌어졌다. 그렇게 그 '미국물 든' 3인조 그룹의 2집 작업을 하게 됐다. 그들이 바로 '솔리드'였다.

그날 이들을 그대로 돌려보냈다면? 재능 있는 보석들이니 누구 눈에 띄어도 분명히 띄었겠지만 나는 두고두고 후회를 곱씹었을 것이다. 그러고 보면 운명적인 만남이나 절호의 기회 같은 것은 화려하고 요란하게만 다가오진 않는 듯하다. 평소 밤길을 걷듯 습관대로 하다가 눈치채지도 못할 만큼 아주 일상적으로 찾아온다. 우연히 그 만남이 이어지면 대박 같은 행운으로 터지기도 하니, 내가 지금 만나고 있는 사람을 정성껏 대해야 하지 않을까. 그 사람이 꼭 무언가 좋은 것을 가져다줘서가 아니라 진심 어린 내 태도가 없던 행운을 만들지도 모르니 말이다.

기쁨을 알기에
슬픔도 안다

솔리드의 김조한이 장가가서 아기를 얻은 날.
그와 이런 대화를 나누었다.

"조한아, 결혼도 하고 애도 생겼으니 이제 너 슬픈 노래 부르기 힘들겠다."
"형, 이제 진짜 기쁜 게 뭔지 아니까 슬픈 것도 뭔지 알죠."
"……. 조한아, 네가 나보다 어른이다."

정말이다.
조한이는 나보다 어른이다.

몽상에 날개를
달아주는 사이

    일로 만났다가 가까워지는 관계가 있다. 영화감독 김진무가 나에게 그런 관계다. 광고 작업을 하다가 만나 알고 지낸 지 5년쯤 되었을까, 그런데 마치 20년은 알고 지낸 친구 같다. 진무 덕분에 '노느니특공대'도 꾸릴 수 있었다. 내 몽상 속에만 존재하던 '노느니특공대'를 구현할 수 있게 도와줄 동료들을 진무가 나 대신 모아주었다. 그런데도 진무는 늘 내가 다 한 거라고 공을 돌린다.

    어느 날, 술자리에서 우리는 여느 때처럼 이런저런 이야기를 나누었다. 우리의 대화는 일관되면서도 두서없어서 강물이 흐르듯 아무렇게나 흘러가곤 하는데, 진무가 영화 이야기를 꺼냈다.

"형님, 저예산 SF 영화 하나 찍어보고 싶어요."

"그래? 어떻게 할 생각이야?"

"만약에 한다면 아이디어로 승부해야죠. 세계관이랑 스토리텔링 탄탄하게 만들고요."

"그래. 할 땐 하더라도, 한계를 설정해. 몇 년 안에 만들겠다, 이런 시간적 한계 말이야. 이 한계 안에서 단점을 장점으로 만든다 생각하고 해봐."

"네. 그런데 그…… 제가 구상한 영화 내용이요. 뮤지션 얘기가 들어가거든요. 한 작곡가가 죽어서 장례식장에 온 사람들이 작곡가의 A.I.랑 이야기하는 그런 내용이거든요? 어… 음… 그래서 말인데요."

"알겠어. 내가 해줄게. 내 얘기로 하면 더 현실감 있을 거 아냐."

나는 '필' 받으면 아무 생각하지 않고 일단 하는 성격이다. 아마 진무도 나의 이런 성격을 알고 영화 이야기를 꺼낸 것이리라. 내가 '오케이' 하고 나자, 진무는 신나서 영화 이야기를 이어갔다. 나중에 진무가 말하길, 내 입에서 '내가 영화 출연할게'라는 허락이 떨어지기만 바랐다고 한다. 그래서 그 얘기가 나왔을 때 '기회다!' 싶어 냉큼 잡았단다. 이런 상황을 가리키는 아주 좋은 단어가 하나 있다.

'늙, 였, 다.' 늙인 나와 늙은 진무는 서로의 몽상에 날개를 달아주느라 눈코 뜰 새 없이 바쁜 사이가 되었다.

진무가 말한 영화는 〈마인드 유니버스〉다. 각본과 감독은 진무가 맡았고 음악은 나와 류영민이 맡았다. '인공지능'을 주제로 '내일의 오늘'과 '우리의 우주' 두 작품으로 구성되었다. 2022년 제26회 부천국제판타스틱영화제 '코리안 판타스틱: 장편 섹션'에 초청되었고, 이듬해인 2023년 9월에 개봉했다. 나도 '우리의 우주' 편에서 활약하며 어엿한 주연배우로 이름을 올렸으니 이만하면 잘 늙인 게 아닐까. 내 '발연기'가 궁금하신 분은 재미 삼아 예고편이라도 한번 찾아보시길.

예의는 노,
싸가지는 예스

　너무 까마득해 마치 없었던 날들 같지만, 나에게도 20대가 있었다. '꼰대' 취급받는 걸 걱정하기보다 '꼰대'에게 불만을 품는 게 훨씬 쉬웠던 때였다. 새롭고 신선한 것들을 스펀지처럼 빨아들일 준비가 되어 있었던 젊은 날의 나는 웬만한 기존 음악들이 성에 차지 않았다. 〈가요톱10〉에서는 왜 그리 한물 지난 음악들만 틀어대며, 새로 나온 음악이라도 코드는 또 왜 그리 단순하고 촌스러워 보이던지. 내 전성기가 찾아왔을 때 나는 지나간 모든 것을 크게 비웃기라도 하듯 '내 것'들을 쏟아냈다.

　그런 나도 어느새 '지나간 것'이 되어버렸다. 현재의 20대들이 지금 내가 만드는 음악을 들으며 과거 20대의 나처럼 않을지 겁을 낸다. '한물간 음악'이라고 생각하면 어쩌나, 하고 말이다. 옛날 사람 취급받을까 싶은 마음에 자꾸 이런 말을 하는 나를 발견한다.

"어때? 괜찮아?"

사실, 답은 정해져 있다. 괜찮냐는 선배의 물음에 '안 괜찮다'라고 대답할 사람이 누가 있을까. 우리나라는 아무리 자유로운 영혼을 가진 사람이라 해도 기본적으로 '상명하복'의 정신을 탑재하고 있다. '꼰대스러움'은 바로 이 상명하복이 주는 달콤함에 안주할 때 생겨나는 게 아니던가. '괜찮다'라는 말을 들으려 묻는 것 같을 때, 꼰대가 되지 않으려면 정말 조심 또 조심해야겠다고 생각한다. 그래서 후배들에게 일부러 이렇게 큰소리치기도 한다.

"계급장 떼고 할 거 아니면 나 끼워주지 마."

이렇게 말한다 한들, 후배들이 정말 마음 놓고 나를 대할 수 있겠는가. '지나간 것'이 된다는 건 여러모로 외롭고 서러운 일이다. '선배'가 된 내 처지를 실감할수록 그 옛날, 내게 '선배'들이었던 분들이 떠오른다. 지금은 고인이 되셨지만, '김명곤'이라는 이름은 여전히 존경의 대상이다. 나미의 〈빙글빙글〉, 〈슬픈 인연〉, 이문세의 〈난 아직 모르잖아요(편곡)〉 등 수많은 명곡이 이분의 손에서 탄생했다. 작곡은 물론 혼자 편곡까지 다 하는, '전설'에나 존재할 법한

능력을 가진 선배였다.

명곤 형이 잘나가던 시절, 나는 이제 막 갓 데뷔한 신인 작곡가였다. 형의 손만 거치면 명곡들이 우수수 만들어지니 모든 사람이 형을 우러러봤다. 물론 나도 그중 하나였다. 그러던 어느 날, 우연히 명곤 형의 술자리에 끼게 됐다. 명곤 형과 친한 사람들끼리 서로 편하게 웃고 이야기하는 자리였는데, 영문을 모르고 내가 그 자리에 동석하게 된 것이다. 이제 막 자대에 배치받아 들어온 이등병처럼 군기가 바짝 들어 있었다. 나름대로 막내로서 예의를 차리기 위해 신경을 곤두세웠다. 명곤 형이 술잔을 비우기 무섭게 벌떡 일어나 술을 따라주는 일을 반복했다. 그러길 몇 잔째, 형이 취한 얼굴로 대뜸 이렇게 말하는 게 아닌가?

"야, 너 그렇게 예의 차릴 거면 그냥 가라."

술에 거나하게 취한 명곤 형의 얼굴보다 내 얼굴이 더 시뻘게졌다. 어리둥절하고 당황스러운데 창피한 마음에 귓불까지 빨갛게 달아올랐다. 예의를 차리지 않아서 혼쭐난 게 아니라, 예의를 차리다가 한 소리 들은 상황이 잘 이해되지 않았다.

'혹시 반어법인가? 예의를 좀 더 차리라는 말인가?'

나는 그 이후로도 한동안 미스터리를 풀지 못했다. 나중에 명곤 형에게 넌지시 그때 일을 물어봤지만, 형은 술

김에 한 말이라 기억나지 않는다고 했다. 영원히 풀리지 않을 듯했던 수수께끼는 내가 50대가 되고서야 비로소 그 해답을 찾을 수 있었다. 명곤 형은 불편했던 거였다. 편하게 술 마시고 노는 자리에서마저 자기를 깍듯하게 선배 취급하는 후배가 영 편치 않았으리라. 거리감도 느낄뿐더러 자신이 후배를 그리 불편하게 만드는 꼰대가 되어버렸다는 사실을 확인하는 게 영 거북했을 것이다. 형을 배려하려고 예의를 차렸던 것인데, 도리어 형을 불편하게 만들었으니, 예의 없이 군 꼴이 되었던 게다.

형은 나 때문에 그 자리가 얼마나 어색했을까. 자신을 까마득한 후배가 채우는 술잔이나 넙죽넙죽 받아먹어야 하는 선배로 만들어버렸으니 말이다. 명곤 형 나이쯤 되고 보니 그 마음을 이제야 알 것 같다. 내게도 그런 예의를 차리는 후배가 있다면, 이렇게 말해야지.

"야! 예의 없어도 돼! 싸가지만 있으면 되는 거야!"

자기 일을 사랑하는
사람이 천재

어떤 시대든 '천재'라 불리는 이들이 있다. 우리는 주로 그 '천재'들을 기록으로 만나곤 한다. 그러나 운이 좋으면 천재와 동시대를 사는 기적을 경험한다. 지금 우리도 그런 기적을 경험하고 있다는 것을 알고 있는지? 천재 음악가를 말할 때 가장 먼저 떠오르는 이름은 '정재일'이다. 이 친구가 가진 음악적 재능을 보고 있노라면, 모차르트와 동시대를 산 사람들의 마음을 이해할 수 있을 것 같다. 정재일이 태어난 나라에, 정재일이 활동하고 있는 시대에, 정재일이 작곡한 음악을 들을 수 있다는 사실이 황홀하다. 재능이 지나치게 뛰어나면 성격이라도 별로일 법한데, 정재일은 심성까지 착하다. 보물을 끝도 없이 가진 사람. 하늘이 내려준

천사 같은 이 사람을 넓은 품으로 지켜주고 싶다.

 천재는 하늘이 낸다고 한다. 태생부터 재능과 재주를 가진 사람을 보면, 신이 특별히 점찍어둔 존재 같기도 하다. 그렇다고, 천재를 부러워할 필요는 없다. 하늘에서 내려준 재능이 극소수에게만 있는 건 아니니까. 신은 누구에게나 재능 하나씩은 모두 선물했다. 공사판에서 거친 막노동을 해도 실력 발휘를 하는 사람들도 있고, 음식 하나를 만들어서 맛깔나게 해내는 천재도 있다. 남의 말에 숨은 뜻을 기가 막히게 알아내는 사람도 있고, 노래 한 소절만 해도 사람 마음을 움직이는 사람도 있다.

 내게 있어 진짜 '천재'란, 자신의 재능을 스스로 사랑하는 사람이다. 재능을 사랑하려면 일단 그 재능을 알아채야 한다. 자신의 재능을 아는 사람들은 자연스럽게 성장하고 발전한다. 배우고, 결심하고, 노력하고. 그러다 보면 자신이 하는 모든 게 잘될 거라 믿게 된다. 설령 실패한다 해도 거기에서 멈추지 않는다. 실패는 실패고, 무엇을 더 배워 앞으로 나아가야 할지 고민한다. 자기의 재능을 스스로 알아보고 사랑할 줄 안다면, 이미 그 사람은 '천재'다. 그리고 나는 그런 사람들을 보는 것이 즐겁다.

지나간 것은
지나간 대로

알고 지내던 피디와 술 한잔했을 때다. 평소엔 말수가 적은 사람인데, 그날은 분위기가 편안했는지 자기 이야기를 풀어놓았다.

"작곡가님, 제가 왜 피디가 된 줄 아세요?"

"왜요?"

"제가 대학교 때 사귀던 여자가 있었어요. 그 여자랑 결혼하려고 했는데, 집에서 만나지 말라고 반대했어요. 우리 집이랑 그쪽 집 둘 다요. 그 반대를 못 이겨서 여자가 유학을 가버렸어요. 연락처도 안 남기고요. 근데 저는 그 여자를 정말 다시 만나고 싶었거든요. 그래서 생각한 게 피디가 되는 거였어요. 방송 프로그램에 연출 OOO, 이렇게 이름이 나오면 저를 한 번이라도 찾아보지 않을까 해서요."

흥미로운 이야기였다. 그 여자가 그를 찾아왔을까? 결말이 궁금했다.

"그래서요? 연락이 왔어요?"

"네. 연락이 왔어요. 그런데 결혼을 했더라고요, 유학 가서 만난 사람이라나. 그래도 얼굴 한번 보고 싶다고 해서 광화문역 근처에서 만나기로 했어요. 그렇게 오래 기다렸던 사람인데 보러 가는 길이 얼마나 긴장됐겠어요. 지하철을 타고 가는데 그 친구에게 전화가 왔어요. 그 전화 받고 광화문역에서 안 내리고 그냥 지나쳤어요."

"전화로 뭐라고 했는데요?"

"그 친구도 지하철 안이었는데, 문득 만나면 안 될 것 같다는 생각이 들었대요."

"남편 때문에요?"

"아니요. 추억을 아름답게 간직하려면 만나지 않는 게 서로한테 좋을 것 같다고요. 듣고 보니까 맞는 말이더라고요. 다시 만나서 실망하느니 그냥 옛날 기억에 머무르는 게 더 낫겠다 싶었어요."

만취한 그가 잠든 탓에 영화 같은 이 이야기의 후일담은 더 이상 듣지 못했다. 흔히 '인생은 타이밍, 사랑도 타이밍'이라고 하지만 숱하게 들은 그 말도 내 삶에 들어와 내 이야기가 되면 질감과 깊이가 달라지는 법. 쓰러져 잠든 그가 내 눈엔 삶의 어느 한때 빛나는 사랑을 하고 쓰라린 이별에 상처받은, 영화 속 남자 주인공처럼 보였다.

기꺼이
등을 내주리

 나도 종종 패널로 출연한 적이 있는 〈너의 목소리가 보여〉라는 프로그램을 보던 중이었다. 실용음악과에 다닌다는 학생이 나와서 노래를 불렀는데, 깜짝 놀랄 정도로 잘했다. 남다른 음색에 자기만의 개성도 또렷했다. 그 학생이 다닌다는 학교의 실용음악과 학과장이 마침 친한 동생이었다. '지인 찬스'를 통해 그 학생에게 연락해 사무실로 불렀다. 노래 몇 곡을 부르게 해서 들어보니 잠재력이 커 보였다.
 "혹시 작곡도 하니?"
 "네."
 "일주일에 한 번씩 작곡 배우러 와. 배워두면 좋겠다."

그러던 어느 날 친한 작곡가가 사무실에 들렀다. 그 학생과 작곡 수업을 마친 지 얼마 되지 않았던 터라 책상에 학생이 쓰고 간 악보가 놓여 있었다. 유심히 악보를 보던 한 작곡가가 궁금하다는 듯 물었다.

"이 곡은 이 부분만 조금 수정해주면 더 완벽했을 것 같은데 왜 그냥 놔두셨어요?"

"그 부분만 보면 그렇지. 그런데 아티스트마다 자기만의 '플로'가 있어. 그런데 작은 부분을 신경 쓰게 만들면, 그 느낌이 안 나와. 지금은 그걸 가르치는 게 더 중요해."

내가 그 학생에게 따로 작곡 수업을 해준 건, 자기 노래를 '작곡'하는 법을 알려주기 위해서였지 '내 후계자'를 만들기 위해서가 아니었다. 기능적인 부분을 도제식으로 전수하는 일은 내 성격과 맞지 않기도 하거니와 사람은 각자 저마다의 우주를 가지고 있는데 내가 그 뚜껑을 열었다고 해서 나와 같은 색깔로 만들 필요는 없지 않은가. 단점을 고쳐주는 건 쉬운 일이다. 꼭 스승이 아니더라도 누구나 해줄 수 있는 일이다. 그렇지만 장점을 봐주는 건 아무나 할 수 없다. 편견이 없어야 하고 발견할 때까지 열심을 기울여야 한다. 인내도 필요하다. 단점만 보완시키는 스승은 안전하지만, 평범한 제자를 키워낸다. 장점을 찾아주는 스승은 울퉁불퉁하더라도 '엣지' 있는 실력을 만들어준다.

대학교를 졸업할 때 은사님이 해주신 이야기가 있다.

"창작의 영역에서 스승이란, 제자의 손을 잡고 만리장성 앞까지 와서 제자가 스승의 등을 밟고 올라가 만리장성을 넘어가게 해주는 사람이다. 제자가 그 만리장성을 넘어가면 그때부터는 그의 세상이다."

은사님이 내게 해주신 것처럼, 나도 누군가를 안내하고 받쳐주는 스승이 되고 싶다.

'요즘 것들'에게
무한히 배운다

'멘토'라는 말이 유행처럼 회자되던 때가 있었다. 멘토는 경험과 지식을 가진 믿을 만한 의논 상대, 스승이라는 의미로 쓰이는데, 그리스 신화에서 유래된 말이다. 그리스의 영웅 오디세우스가 트로이 전쟁에 나가기 전 자신의 어린 아들 텔레마코스를 친구인 멘토르에게 맡겼다. 전쟁이 끝나도 집으로 돌아오지 못하던 20여 년의 긴 시간 동안 멘토르는 텔레마코스를 잘 이끌어주었다. 한 가지 재미있는 사실은 텔레마코스가 아버지를 찾아 길을 떠났을 때 위험에서 지켜주고 올바른 방향으로 갈 수 있도록 안내해준 아테나 여신이 멘토르의 모습으로 나타났다는 점이다. 이 신화는 불안정한 현실에서 방황하며 불확실한 미래 때문에 불안해질 때 믿을 수 있는 사람에게 속내를 털어놓고 조언을 구하고 싶은 마음을 비유와 상징으로 보여준 이야기가 아닐까 싶다.

내게도 멘토르 같은 멘토들이 있다. 멘토르는 텔레마코스보다 연장자였지만, 나의 멘토들은 나보다 젊은 친구들이다. 세상 사람들은 이들을 가리켜 'MZ 세대'라고도 부른다. 이들은 어떤 이름으로 부르든 내가 경험하지 못하는 걸 배울 수 있고, 내가 가진 걸 다 함께 공유하는 것의 중요성을 알려주는 친구이자 멘토다. 내 안에 여전히 어떤 식으로든 '젊은 감각'이 살아 있다면 이 원천은 나의 '젊은 멘토들' 덕분이다. 이들 중 한 명은 전 세계를 돌아다니며 인문학과 언어학을 공부했다. 이 친구의 인생사를 듣다 보면 어른인 나도 어떻게 버텼나 싶어 혀를 내두를 정도다. 여러 트라우마를 겪으면서도 꿋꿋이 자기 길을 걷는 걸 보면 '진짜 똑똑함이란 이런 거구나!' 하는 생각도 든다. 잃는 게 있으면 얻는 것도 있는 법. 남들보다 몇 배는 고통스러운 삶을 버텨온 대신, 이 친구는 인간에 대한 막강한 통찰력을 가지고 있다. 이 친구가 쓰는 글을 받아서 읽어보며 나도 크게 영향을 받는다.

이 친구가 더 놀라운 점은 겸손하다는 것이다. 엄청난

지식과 인사이트를 가지고 있으면서도 우쭐대거나 허세를 부리지 않는다. 내게 조언할 때도 단정적으로 말하지 않고 다른 사람에게 들은 바를 전달하듯 에둘러 말할 줄 안다. 인간적이면서도 따뜻하고, 어른스러운 그의 모습에 내가 도리어 위안을 받는다. 말 한마디 한마디에서 배울 것이 너무 많아, 어떻게 이런 사람이 내 옆에 있나 싶을 정도이다.

또 다른 멘토는 아이돌 커뮤니티 '방장'들이다. 아이돌에게 '팬 마케팅'만큼 중요한 건 없다. 팬들이 없으면 아이돌도 존재 의미가 무색해진다. 이 방장들을 불러 모아 아이돌에 대해 자유롭게 이야기하는 자리를 만든다. 아이돌을 어떻게 하면 좋을지, 콘셉트와 방향성을 어디로 잡아야 할지, 직원은 개입하지 않고 오로지 팬들의 이야기만 오고 갈 수 있게 만든다.

그들이 하는 '날 것'의 이야기는 곧 마케팅의 재료가 되고, 데이터와 포맷을 만드는 기준이 된다. 만약 우리가 팬들의 이야기를 듣지 않고 마케팅을 한다면 그 마케팅이 성공할 수 있을까? 장담하건대, 백전백패일 것이다. 왜냐하면 우리는 그 세대의 생활을 경험하지 못하기 때문이다. 다른 누군가의 손이나 목소리로 가공된 이야기만 들을 뿐이다. 정제된 이야기보다 중요한 것은 '경험'이다. 팬들은 아이돌과 함께 호흡하고 있기 때문에 그들에게 배워야 할 것들이 많다.

고대 국가 수메르 벽화에는 이런 글귀가 쓰여 있다고 한다.
"요즘 젊은이들은 버릇이 없다."
'요즘 것들'을 이해하지 못하는 건 예나 지금이나 매한가지다. 그러나 내 주변의 '요즘 것들'을 보면 기성세대보다 훨씬 선하고 강하다. 예의가 없는 게 아니라, 디지털 시대에 그들에게 맞는 표현법이 달라졌을 뿐이다. 나이가 어리다고 무조건 '요즘 것들'로 치부하기에는 배울 점이 너무 많다. 물론 그들을 이해하기 힘들 때도 있다. 그럴 땐 대립하지 말고 배우려는 자세를 가지려고 한다. 노래를 잘하려면 좋은 보컬리스트를 스승으로 삼아야 하듯, 젊은 감각을 배우려면 젊은이들을 스승으로 삼아야 한다.

내 삶의 풍경을
바꿔놓은 존재

 과거의 나는 자신을 '이타적'인 사람이라며 자평하고 살았다. 누굴 도와주고 나면 한없이 선한 사람이 된 것 같은 기분이 들었다. 손해를 입는 한이 있어도 '착한 사람'의 가면을 벗고 싶지 않았다. 그런데 시간이 흐르고 나이를 먹으며 돌이켜보니 그때의 나는 누구보다 이기적인 사람이었다. 내가 선행이라고 믿었던 행동 대부분은 내 만족감을 위한 것이었기 때문이다.
 '진짜' 이타심은 상대방의 입장에서 생각하는 것이다. 그런데, 나는 내가 '착한 사람'이 된 듯한 기분에만 충실해 남들을 도우려고 했다. 그러고는 내가 이타적이라고 착각한 것이다. 착한 사람이 된 기분을 내려고 발휘하는 이타심은 관계에 독이 된다. 혹여 상대가 나의 선의를 배신하기라도 했다가는 '어떻게 나를 이용할 수 있느냐!'며 분노한다. 내가 좋은 사람이 되려는 '이기적인' 이유로 이타심을 부려놓고 피해의식에 사로잡히는 것이다.

이타심이 이기적으로 변질되지 않으려면, 책임감이 따라야 한다. 누군가를 도와주는 기분만 내는 게 아니라 이타심을 내어준 결과에 대한 책임까지 나한테 있다는 걸 인지해야 한다. 예를 들어 사장인 내가 누군가를 만나 그를 돕기로 결정했다고 가정해보자. 상대는 내 말을 철석같이 믿고 있는데, 나중에 그를 도울 수 없게 된다면 그이는 나를 뭐라 생각할까? '사기꾼'이라고 생각해도 할 말이 없다.

책임감이라고는 눈을 씻고 찾아도 찾을 수 없던 나. 이타심을 둘러싼 이기적인 마음을 더 이상 부리지 못하게 된 계기는 딸이었다. 딸은 죽을 때까지 내가 책임져야 하는 내 자식이다. 그러다 보니 강제로 책임감에 대해 배우게 되었다. 아빠로서의 책임감이 생겨나는 건 물론이고, 안팎으로 내 역할에 대해서도 생각하게 되었다. 절대 변하지 않을 것 같던 내 천성도 아이를 키우며 변하기 시작했다. 아이를 낳으면 사람 된다는 말이 이런 걸까. 내가 아이를 키우는 게 아니라 아이 덕분에 내가 어른이 되어가는 것 같다.

어느새 딸아이가 10대가 되었다. 아이가 태어나며 나도 '아빠 김형석'으로 다시 태어났으니, 아빠로서의 내 나이도 제법 연륜이 쌓인 셈이다. 아이가 내 삶의 풍경을 모두 바꿔놓았다.

"다시 태어날 수 있다면 어떻게 살고 싶어요?"

누군가 내게 이렇게 물은 적이 있다. 원래의 나였다면 내가 이루고 싶은 '성취'를 답했을 것이다. 피아노를 조금 더 열심히 쳐보고 싶다든지, 영어를 어릴 때부터 배워 더 넓은 세상으로 나가보고 싶다든지. 그런데 지금의 나, '아빠 김형석'은 전혀 다른 생각을 한다.

"다시 태어나지 않을 거예요. 다시 태어났는데 우리 아이 못 만나면 어떡해요."

아이가 태어나고 사주를 봤다. 돈을 많이 벌 사주니 걱정하지 말라는 이야기를 들었다. 그런데 아주 기쁘지만은 않았다. 없는 것보다 있는 게 낫다고는 해도 돈 버는 게 어디 쉬운 일이던가. 돈을 많이 번다는 건 그만큼 많은 고통이 따르는 삶이라는 걸 모르지 않기에 이 조그만 아이가 '고생'이 무엇인지 알게 될 것을 생각하니 마음이 미어지고 목이 메었다. 그 애 몫의 고생까지 내가 모두 가져와 실

컷 해둘 수만 있다면 좋겠다는 생각마저 들었다.

내 삶은 책임감과는 거리가 멀었다. 그런데 아이가 생기니 언제까지 거리를 둘 수만은 없어졌다. 아이가 열 살만 넘어가도 제 아빠가 뭘 하는 사람인지 알 것 아닌가. 이제 나의 모든 선택과 결정의 기준은 딱 하나다.

"딸에게 '김형석'이라는 이름 석 자가 어떻게 기억되고 싶은가?"

자식에 대한 사랑에는 유통기한이 없다. 나는 아이가 태어나던 순간부터 지금까지 사랑에 빠져 있다. 이 굳건한 마음은 호르몬의 장난에도 흔들림이 없다. 아이와 함께 있을 때 나는 비로소 '내'가 되는 느낌이다. 딸을 위해 나를 희생할수록 더 즐거우니, 세상에 이보다 설명하기 어려운 감정이 또 있을까? 아이가 이런 내 마음을 아냐고? 알아주길 바라면서도 한편으로는 모르길 바라기도 한다. 이 가슴 뭉클한 이야기를 자기 나름대로 해석하고선 아마도 '이렇게' 굴지 않을까 싶어서다. 양손을 허리춤에 갖다 대고 세모눈을 뜨고 나를 바라보며 말하는 것이다.

"아빠! 그렇게 나를 사랑하면 용돈이나 좀 올려줘."

점점 더 다가가는
중입니다

    재능 있는 애들이 예쁜 걸 보면 나도 천생 선생인가 보다. 음악 선생님이었던 아버지 피를 물려받은 게 분명하다. 선생이란 게 뭐 별건 아니다. 음악적 재능을 가진 사람이 있을 때, 그걸 '툭' 하고 건드려주는 사람이 선생이다. 재능 있는 아이들은 '툭' 하고 치기만 해도 그걸 '팍' 하고 쏟아낸다. 그러니 선생이란 재능을 펼칠 수 있도록 충분한 자극을 주는 사람이다.

    재능으로 똘똘 뭉친 신인을 보면 위기감을 느낀다는 이들도 있다. 자꾸만 자기 설 자리가 사라지는 것 같아, 재능 있는 아이들이 미워 보인다고 털어놓기도 한다. 그 마음 또한 모르지는 않는다. 그렇지만 어차피 내 한계는 내가 안다. 나는 스스로 재능이 있다고 생각하지 않는 편이다. 한 붓 그리기처럼 곡을 일필휘지로 쓰고 싶은데 그러지 못하기 때문이다. 여러 번 고치고, 또 고쳐야 곡 하나 겨우 완성하는 수준이다. 그런 나도 누군가 보기에는 순식간에 곡 하나씩 뚝딱 만들어내는 사람 같아 보이겠지만 말이다.

재능이 있건 없건 후배들을 시기할 필요는 없다. 캔버스 위의 파란색이 남들 눈엔 똑같은 파란색으로 보여도, 수천 번의 붓질로 만들어진 파란색이라는 사실을 알아주는 건 그림을 그려본 사람들뿐이다. 음악도 마찬가지다. 곡을 쓰는 고통을 알아주고 인정해주는 것도 함께 음악을 하는 사람들의 몫이다. 부러울 수는 있어도 미워하진 말아야지. 재능 있는 애들 미워한다고 내가 가진 한계가 늘어나는 것도 아니지 않은가?

가끔 대학 강의를 나가면 젊고 재능 있는 학생들이 차고 넘친다. 그들이 만들어내는 결과물을 보는 게 내겐 낙이다. 새로운 자극이 되는 것은 물론이고 앞으로 내 역할과 미래에 대해 한층 더 고민하게 된다. 이렇게 재능 있는 아이들을 잘 키우고 서포트해서 날개를 달아주는 일이 나에게 남은 역할이 아닐까 하는 생각도 든다. 한 가지 고백하자면, 나도 모르게 미워지는 이들도 있다. 재능은 있는데 노력은 안 하는 이들이다. 그런 학생들을 보면 슬그머니 미운 마음이 올라오는 것을 느낀다. 그럴 수도 있다고, 아직 때가 아니라서 그렇다고 까칠해지려는 마음을 지그시 눌러보지만 영영 뿌리 뽑을 자신은 없으니 이 또한 선생의 마음이라고 할 수 있을까.

   하지만 이것 하나만은 잊지 않고 기억하려고 한다. 수천 번의 붓질로 완성되기 전, 이게 겨우 수십 번 칠해진 캔버스를 보고 있을 뿐이라고. 그에게 어울리는 속도로, 자신만의 색에 점점 더 가까워지는 중이라고. 그러니 밀어낼 게 아니라 내가 더 다가가자고.

시간이 흐를수록
익어가는 관계

　살아보니 가장 뜻대로 안 되는 것이 사람 마음인 것 같다. 앞서 말했듯 이름 석 자 떠올리면 미안함을 떨칠 수 없는 사람들이 있다. 사람이 살면서 실수를 안 할 수 없다지만, 그때 내가 조금 더 철든 어른이었다면 얼마나 좋았을까 싶은 사람들. 인연은 타이밍이라는데, 다시 만날 시절이 아직 안 되었기 때문일까. 좋아하는 마음만은 여전한데, 무르익는 시기가 엇갈려 아직 재회하지 못한 사람들을 떠올려 본다. 그들의 마음도 내 마음 같으리라 믿으며 여태 털어내지 못한 인연들이다.
　'안 보면 그만'이라고 넘기기에는 미안하고 아쉽고 아까운 인연들이 내 마음 한편에 늘 남아 있다. 후회와 아쉬움이 남는 관계일수록 여운이 짙다. 비록 나는 매순간 진심이었고, 정성껏 사랑했고, 최선을 다해 가르쳤고, 마음을 얻으려 노력했지만 잘되지 않은 적이 많았다. 어긋난 관계를 되돌리려고 하면 할수록 꽈배기처럼 배배 꼬이고 뒤틀리기만 했다. 돌아서려던 순간에 나를 잡아준 이도 있었지만, 내가 서툴러 놓치기도 했다. 최선의 노력이 꼭 최고의 결과를 만들지는 않는다는 진리가 사람과의 관계에서도 그대로 적용되는가 보다.

인간 관계는 와인과 비슷하다. 맛도 향도 훌륭한 와인을 얻으려면 발효의 시간이 필요하다. 품질이 좋은 포도를 골라 오크 통에 넣고 정성껏 즙을 내고 충분히 맛이 들 때까지 오래 기다려야 한다. 기다림의 시간을 버티지 못하는 성급함은 관계에 치명적이다. 스스로는 복잡하지만 좋은 사람으로 여기면서 상대는 단순하고 나쁜 사람으로 치부해버렸던 과거를 떠올리면 부끄럽기 그지없다.

수많은 만남이 있었다. 어떤 만남은 처음부터 지금까지 함께하며 익어가고 있고, 어떤 만남은 증발해서 사라졌으며, 어떤 만남은 영영 맛이 들지 않기도 했다. 익을수록 좋은 관계도 있지만, 풋내 나는 관계도 있을 것이다. 돈도

명예도 인연에 따라왔다가 간다. 결국 인생에 남길 만한 가치가 있는 것은 좋은 사람이고 아름다운 관계일 것이다. 많은 실수를 저질렀지만 그래도 나를 좋은 사람이라고 여기며 믿어준 이들 덕분에 이 자리까지 올 수 있었다. 누군가 나를 믿어주면, 내가 그런 사람이 아니더라도 그에 걸맞은 사람이 되고 싶었기 때문이다.

지금 나는 내가 만나고 있는 사람들에게 어떤 관계일까? 함께 익어가고 싶은 사람일 수도 있지만 그렇지 않은 사람일 수도 있다. 모든 사람을 만족시킬 순 없더라도 내가 사랑하는 사람들, 나를 사랑하는 사람들하고 만큼은 오래오래 함께하고 싶다.

관계가 물처럼 흔들릴 때
나를 잃지 않는 것

관계는 물과 같다.
변하지 않는 게 당연한 게 아니라
변하는 게 자연스러운 것이다.

태양과 달이 지구에 가까이 있을 때
밀물이 생기는 것처럼
태양과 달이 지구에서 떨어져 있을 때
썰물이 생기는 것처럼
관계의 만유인력에 따라 그와 나 사이도
멀어지기도 하고 가까워지기도 하는 것이다.

관계가 박제된 것이 아니라
흔들리는 물과 같다면
내가 방향키를 잘 잡고 있어야 한다.
물보라가 치고 태풍이 와도
키를 놓치지 않아야 한다.

상대를 탓하기보다 함께 흐르고
비껴가다가 간혹 부딪치더라도
내가 가려는 방향과 밸런스를 잃지 않는 것.
그것이 관계의 시작이다.

── 김형석의 노랫말 다시보기

너의 뒤에서

어제는 비가 내렸어 너도 알고 있는지
돌아선 그 골목에선 눈물이
언제나 힘들어하던 너를 바라보면서
이미 이별을 예감할 수가 있었어

너에겐 너무 모자란 나란 걸 알고 있기 때문에
지금 떠나는 널 나는 잡을 수 없는 거야

넌 이제 떠나지만 너의 뒤에 서 있을 거야
조금은 멀리 떨어져서 조금도 부담스럽지 않게
이제 떠나는 길에 힘들고 지쳐 쓰러질 때
조금도 기다리지 않고 나에게 안기어 쉴 수 있게
너의 뒤에서

언젠가 또다시 내가 필요할지도 몰라
나의 사랑이 나의 손길이 또다시

표정 없는 아픔의 나를 너는 많이도 미워하겠지
돌아선 나의 눈가에 고인 눈물을 알까

넌 이제 떠나지만 너의 뒤에 서 있을 거야
조금은 멀리 떨어져서 조금도 부담스럽지 않게
이제 떠나는 길에 힘들고 지쳐 쓰러질 때
조금도 기다리지 않고 나에게 안기어 쉴 수 있게
너의 뒤에서

| 김형석 · 박진영 작사, 〈너의 뒤에서〉, 박진영 1집 《Blue City》, 1994. |

―― 김형석의 치유하는 음악 ――

In the Name of Love

물든다는 말은
참 정확하고 좋은 표현이다.
같이 있을수록 색깔은 같아진다.
그래서 누구와 함께하는가가 중요하다.

너도 아니고 나도 아닌
물들어 같아지는 우리.

4장

| Hook |

아직은 뜨겁다
한낮의 열기처럼

사랑은 그렇게

사랑이 어떻게 시작되나.
한낮의 열기처럼
훅, 뜨거운 입김이
내 목덜미에 화살처럼 꽂혀.
슥, 무심한 눈길이
내 심장을 도둑처럼 훔쳐.
이렇게 순식간에,
이토록 무심하게.

왼쪽 가슴에서
심장이 뛰는 한

    요즘은 감정을 누그러뜨리는 일을 미덕으로 여기는 듯하다. '감정적'이라는 말은 젊은이들의 혈기나 객기, 방종 같은 미성숙한 태도를 말할 때 따라오는 말이 되었고, 감정만큼 나를 나답게 만들지 않는 것이 없다는 사람들도 있으니 말이다. 그나마 감정이 근근이 체면을 유지하는 건 '감성적'이라는 말 덕분인지도 모르겠다. 그러나 삶을 진하게 살아본 사람은 알지 않을까. 겉으로 보기엔 이성이 더 강한 것처럼 보여도 진짜 힘을 가진 건 감성이라는 것을. 이성의 힘이 모든 걸 제압하는 순간, 극단을 뛰어넘어 기어이 마지막에 이기는 것은 '선한 감성'이라는 것을.

감성만큼 변하지 않는 인간의 본성도 없는 듯하다. 원시인이나 현대인이나 좋아하는 일에 가슴이 뛰는 건 매한가지 아닐까. 사랑하는 이의 마음을 사기 위해 꽃다발을 사 들고 만나는 것처럼, 원시인들도 예쁜 여자의 마음을 얻기 위해 꽃을 꺾어다 바쳤을 것이다. 능력을 보여주기 위해 돌도끼라도 깎아다 줬을지도 모른다. 행동은 시대마다 개인마다 다를 수 있지만, '가슴이 뛰는' 건 예나 지금이나 누구나 같다. 가슴을 뛰게 만드는 건 감정과 감성이 가진 힘이다.

감정과 감성이 우리를 속인다고? 아니다. 감정보다 생각에 속아 넘어가기 더 쉽다. 감정을 속이려고 할 때 우리는 생각을 바꾼다. 감정은 정직하다. 내 왼쪽 가슴에서 심장이 뛰는 한, 희로애락의 감정을 제대로 느끼는 사람으로 살아가고 싶다.

전생에 지은 죄가
하도 많아서

"예술가는 혼자 있는 시간을 견딜 줄 알아야 한다."

언젠가 이 말을 들었을 때 마음이 '쿵' 하고 울렸다. 땅에 떨어지는 사과를 보고 만유인력을 발견한 뉴튼(사실이든 아니든)처럼, 내게는 이 말이 뉴튼의 사과와 같았다. '혼자 있는 시간'은 많은 것을 의미한다. 깊은 숨을 쉴 때처럼 창작의 호흡을 가다듬는 시간이고, 홀로 해내야 하기에 고독한 시간이다. 가시투성이 장미가 기나긴 기다림 끝에 꽃을 피워내는 인고의 시간이기도 하지만 안개 숲에 갇힌 듯 불안하고 막막한 시간이기도 하다. 사랑에 빠졌을 때처럼 뜨겁고 애타지만 동시에 서글프고 외로운 시간이다.

버지니아 울프가 여자는 자기만의 방이 필요하다고

말했지만 어찌 보면 그 말은 거대한 확장성을 지닌 말이다. 여성뿐만 아니라 남성에게도 필요한 말이기 때문이다. 아니, 성별을 떠나 우리 모두를 위해, 정확하게는 우리 안의 예술가를 위해 필요한 것이다.

자기만의 방은 혼자 있을 수 있는 물리적인 공간이기도 하지만 홀로 머물 수 있는 상징적인 시간이기도 할 것이다. 홀로 견딘 시간은 반드시 어떤 결과를 남긴다. 그러나 그 결과 값이 항상 내가 원하는 순간에 원하는 형태로 딱 맞게 떨어지는 것은 아니다. 때로는 타이밍을 못 맞춘 불판 위의 고기처럼 마음이 홀라당 뒤집히기만 할 뿐, 어떤 결과도 남기지 못한 채 풀풀 타는 냄새만 남기고 파스스 꺼지기도 한다. 괜히 멋스럽게 포장한 말장난 같은 게 아니다. 창작은 홀로 있는 시간을 견딜 때 불씨를 남기고, 그 불씨 자체가 숱한 모순을 담고 있기 때문이다.

예술가가 혼자 있는 시간을 견뎌야 하는 이유 중 하나는 그들이 다루는 것이 감성이기 때문일 것이다. 예술가는 단순히 작품을 창작하는 사람이라기보다 사람의 감성을 다루는 사람이다. 음악을 하든 글을 쓰든 그림을 그리든 미디어아트를 하든 춤을 추든 남들은 느끼지 못하거나 지나쳐 버리는 순간도 예민하게 포착해 자신만의 방식으로 표현하는 것이 예술가가 하는 일이다. 그래서 예술가 중에 세상이 말하는 '성격 좋은' 사람은 극히 드물다(내가 아직 못 만난 것인지도 모른다). 겉으로는 무던한 듯 보이는 사람도 속은 굉장히 여리고 소심하고 예민하다. 예민하니까 감성을 다룰 수 있는지도 모른다. 둔감하다면 잠자리 날개처럼 얇디얇고 유리 파편처럼 날카로운 마음의 결을 어떻게 느끼고 표현할 수 있겠는가.

변덕스럽다는 말을 밥처럼 먹고 사는 게 예술가들이다. 남들이 볼 땐 롤러코스터를 타고 있는 것처럼 보일지도 모른다. 한여름 아스팔트처럼 뜨거워졌다가도 아주 미미한 자극에도 한겨울 대리석처럼 싸늘해진다. 극도로 예민해진 날에는 보이고 들리고 스치는 것은 물론 괜한 것들에게까지 신경이 곤두선다. 진행 중인 작업이 잘 풀리지 않는 날에는 더 그렇다. 책상 앞에 앉아 온통 얼굴을 찡그리고 생각에 골몰하다 보면, 심지어 흠잡을 데 없이 둥근 컵도 거슬리기 시작한다.

"왜 이 컵은 이렇게 둥글기만 해? 좀 각지게 만들면 안 돼?"

각진 컵으로 마시면 만족스러울까? 천만에.

"왜 이 컵은 이렇게 각을 넣었어? 둥글게 하면 안 돼?"

이럴 게 틀림없다. 속되게 말해 '이래도 지랄이고 저

래도 지랄'이다. 그래도 변명을 좀 하자면 감성적인 본능에 충실하다 보니 그만큼 어린아이 같은 순수함도 남아 있다는 점일까. 그러나 이런 태도는 손바닥으로 눈을 가리면 보이지 않는다고 까르르 웃는 아이들의 까꿍 놀이에 가깝다. 세상은 이런 예민함을 달가워하지 않는다. 예민한 만큼 말 한마디도 날카롭게 벼려져 있는 경우가 많아서 이런 예민함을 이해하지 못하는 사람들은 갑작스러운 말과 행동에 놀라기도 하고 더러 서운해하기도 한다. 그나마 여기서 멈추면 다행이지만, 사람들 눈에 잘 띄지도 않는 작은 틈새까지 파고드는 날카로운 감성 덕분에 하필 그 모진 소리가 핵심을 찌르기라도 하는 날에는 '관계 손절'도 각오해야 한다.

사과나무가 저 홀로 사과를 맺는 것처럼 보여도 비와 흙과 바람과 햇빛이 필요하듯, 생산적인 작업은 홀로 있는 시간에 이뤄지지만, 결과적으로 수많은 이들의 협업이 있어야 보기 좋은 열매를 맺을 수 있다. 그러니 혼자 떼를 쓰며 '생겨먹은 대로의 자신'을 마냥 받아달라고 할 수도 없다. 어떤 방식으로든 성숙한 태도를 기르지 않으면 자신도 모르는 사이 아무도 찾지 않는 사람이 되고 마는 것이다.

뒤돌아 홀로 있는 시간이 중요한 이유는 내면을 거울

처럼 들여다보며 가시를 함부로 내밀지 않는 법을 익히기 위해서이다. 저 깊은 밑바닥에 끝내 사라지지 않고 남아 있는 '최후의 뾰족한 가시'를 스스로 감당하는 법을 배우는 과정은 힘들고 어렵고 고통스럽다. 그럼에도 어린 왕자가 장미의 가시에 찔리지 않으면서도 장미를 돌보고 사랑하는 법을 배워야 했듯, 우리 역시 가시를 다루는 법을 배워나간다. 가시 '덕분'에 자신의 정체성을 창조하는 힘을 얻지만, 가시 '때문'에 자신도 타인도 무참히 찔리기 때문이다. 가시가 날카로우면 날카로울수록 작업이 훌륭할 때도 있다. 한두 번은 결과에 취해 눈감고 지나갈 수 있지만 계속해서 가시를 방치하면 독이 될 수도 있다. 독이라니, 이렇게 말하면 무시무시하게 들리겠지만, 실제로 중심을 잃고 무너진 이들을 많이 보았다.

　반면 균형을 잡으면서 건강하게 작업을 해나가는 훌륭한 예술가들도 많다. 예민함이라는 날카로운 가시를 자신의 진정한 재능으로 만들어 아름답게 꽃피우는 이들을 보면, 차가운 쇠를 뜨거운 불에 수십 번 수백 번 담금질한 끝에 명검을 만들어내는 대장장이처럼 경이롭다. 그런 점에서 예민함은 축복과 고통을 동시에 선사하는 것 같다. 그 선물의 주인공이 왜 꼭 나였을까 의문이 드는 날엔, 전생에 지은 죄 때문이라고 생각한다. 그저 지은 죄가 많아서 예술가가 된 거라고, 주어진 운명을 겸허히 받아들인다.

"다음 생엔 예민한 감성을 갖지 않고 태어나고 싶나요?"

이렇게 묻는다면 선뜻 "아니오"라는 대답이 나오질 않는다. 내가 아니라고 대답해도 그렇게 태어날 수가 없을 것 같다. 이번 생에 지은 죄가 하도 많으니 말이다.

예민함은
나의 힘

 내 인생에서 일어나는 모든 일은 나에게 흔적을 남긴다. 좋은 일이든 나쁜 일이든 내 삶에서 벌어진 일은 '더하기'가 되기도 하고 '빼기'가 되기도 한다. 지금 당장은 나쁜 일이 일어난 듯해도, 먼 훗날 음악을 통해 표현되기도 하고, 내 단점을 깨닫고 개선하는 계기가 되어 오히려 '더하기'가 될 때도 있다. 그렇기에 완전히 좋기만 한 일도 무조건 나쁘기만 한 일도 없고, 둥근 곡선도 마이크로 단계에서 자세히 보면 직선을 품고 있는 것처럼, 전적으로 단점인 것도 없으며 덮어놓고 장점인 것도 없다. 오히려 장점인 것이 단점일 때도 있고, 단점인 것이 장점일 수도 있다. 이런 모순을 나도 갖고 있는데 바로 예민함이 그렇다.

스스로 느낄 만큼 예민해질 땐 햇볕에 먼지가 반사되는 모습까지 보일 정도로 감각이 곤두선다. 영감이 찾아오는 순간이다. 이런 순간을 포착한다는 건 여간 예민한 상태가 아니고서는 할 수 없기에 이럴 때의 나는 기회를 노리는 맹수가 된다. 그러나 항상 좋은 방향으로 발휘되는 것만은 아니다. 나의 예민함으로 주변 사람들이 당황하거나 힘들어하는 모습을 보는 건 괴롭다. 어느 날, 딸이 내 앞에서 귀엽게 재롱을 부리고 있었다. 그런데 갑자기 라디오에서 김광진 〈편지〉의 첫 소절이 울려 퍼졌다.

"여기까지가 끝인가 보오."

구슬픈 멜로디와 노래 가사를 듣자마자 슬픔이 엄습했다. 방금까지 웃으며 손뼉 치던 아빠가 갑자기 울적한 표정을 하니 딸도 당황한 눈치였다. 이러면 안 되겠다 싶어 얼른 감정을 추스르며 딸을 달랬다. 사랑하는 딸 앞에서는 덜 예민한 사람으로 보이고 싶었다. 이제는 주변 사람들이 피곤해하거나 상처를 받지 않을 정도로 다루게 되었지만 내 속을 파보면 여전히 예민함이라는 가시넝쿨은 지독할 정도로 성성하게 살아남아 질긴 뿌리를 뻗치고 있다.

시인 기형도는 '질투는 나의 힘'이라고 했다. 내게는 '예민함이 나의 힘'이다. 이 예민함으로 오늘도 꿈을 꾸고 작업을 한다.

어린아이의
마음으로

　예술가의 역할은 사람들의 감정을 더 깊게 만들어주는 것이다. 슬픔을 더 슬프게, 기쁨을 더 기쁘게 만드는 게 예술의 본질이다. 슬플 때 신나는 음악을 찾아 듣는 사람은 잘 없다. 즐겁고 기쁠 때 슬픈 음악을 찾는 사람이 없는 것처럼 말이다. 지금, 여기에서 홧홧하게 느끼는 감정을 더 깊고 진하게 만들어주는 것이 예술가가 하는 일이다.

　그렇다면 작곡가는 무슨 역할을 해야 할까? 내 생각에 작곡가의 본분은 '동심'을 지키는 일이 아닐까 싶다. 어린아이 같음을 잃지 않는 것, 그게 작곡가가 할 일 아닐까? 어린아이가 어른과 다른 점이 있다면, 자신의 감정에 솔직하다는 점이다. 아이들은 슬플 때 마음 놓고 슬퍼하고 기쁠 때 세상 다시없을 기쁨을 만끽하는 양 기뻐한다.

　그러다 어느 순간, 마음을 숨기는 방법을 배운다. 슬퍼도 슬프지 않은 듯, 기뻐도 크게 기쁘지 않은 듯 사는 법을 알게 된다. 그때 우리는 '어른'이 되어버린다. 어른이 되면 아이처럼 느끼는 법을 잊어버리고 만다. 그러니 작곡가는 잃어버린 동심을 찾아주는 사람이어야 한다. 아이의 마음을 모두 잃어버리지 않은 사람이 만든 음악에는 그 마음이 묻어난다. 그 마음은 우리가 아이일 적에 품었던 순수함을 불러일으킨다. 언제 어디에서나 동심을 지킬 수는 없겠지만, 음악을 들을 때만큼은 어린아이의 마음이 되기를.

빵꾸 대마왕의
변명

삶에는 한 가지 법칙이 있다고 생각한다. 그것은 바로, '인생은 51대 49'. 완전히 좋기만 한 것도 완전히 나쁘기만 한 것도 없다는 의미다. 딱 1퍼센트가 어느 쪽으로 발휘되느냐에 따라 장점과 단점, 희극과 비극으로 나뉜다. 나에게는 '우유부단함'이 '51'이었다. 누군가에게는 49, 혹은 그보다도 못한 점수를 받고 있겠지만 내게 우유부단함은 장점이었다.

그동안 나는 1,500여 곡을 작업해왔다. 다작할 수 있었던 이유는 어디까지나 내가 우유부단했던 덕분이다. 겸양의 미덕을 지키려고 한 발 빼는 건 아니다. 단점을 장점으로 승화시켰다는 그런 낯간지러운 이야기는 더더욱 아니다. 나는 나로 인해 상대가 상처받는 걸 극도로 싫어했다. 그래서 누가 "곡을 좀 써 달라"고 요청하면 '그러마' 하고 대부분 들어줬다. 내가 건넨 "NO" 한마디에 상대의 표정이 어두워지는 걸 어떻게든 피하고 싶었기 때문이다. 그렇게 '예스맨'으로 살다 보니 얼마 지나지 않아 일감이 한계까지 가득 들어차는 순간이 왔다. 그런데도 누군가의 부탁이 간절해 보이면 또 "YES"를 외쳤다.

이대로는 안 되겠다 싶어 연락을 아예 안 받아보기도 했다. 나를 찾는 휴대폰 벨 소리가 매일 울려댔다. 벨 소리가 끝나기를 기다리는 것도 고역이었다. 벨 소리가 영겁의 시간 동안 울리는 듯했다. 멜로디를 듣는 게 끔찍하게도 싫었던 유일한 때가 아니었나 싶다. 전화 거는 사람의 마음은 오죽했을까. 그 마음이 상상될 때면 벨 소리를 견디는 게 더 어려웠다.

이 정도면 다들 포기하겠거니 하며 마음 놓았던 어느 날. 새벽녘에 녹음을 마치고 나오는 길이었다. 누군가 내 이름을 나지막이 부르는 게 아닌가. 두려움에 고개를 서서히 돌렸는데 얼굴이 꽤 낯익은 제작자가 서 있었다. 내가 하도 연락을 받지 않으니 직접 찾아와 기다렸다는 것이었다. 초가을이었지만, 새벽 날씨는 꽤 쌀쌀했다. 곡 하나만

써줄 수 없냐며 사정하는 그의 입에서 하얀 입김이 나왔다. "YES"를 말하지 않으려던 그동안의 내 노력이 그의 입김 앞에 무색해졌다.

　때로는 타고난 천성이 천형처럼 여겨질 때도 있었지만 천성을 더 깊이 이해할 때 얻게 되는 것들도 있었다. 생긴 대로 살다 보면 어떻게든 살게 된다. 내 천성을 굳이 하나의 틀에 끼워 맞추려고 노력하지 않는 것은 나를 스스로 돕는 일이었다. 거절하지 못하는 우유부단함 때문에 어떻게든 세상에 많은 곡을 내어놓았으니 말이다. 한때 '빵꾸대마왕'이라는 별명으로 불리기도 했지만, 어쨌든 우유부단해서 '다작'을 했으니, 내 인생의 '51'은 우유부단함 덕분에 생겨난 것이다.

그냥 하면
된다

　나는 운이 좋은 사람이라고 생각한다. 타고난 천성과 삶에서 만난 기회가 잘 맞았기 때문이다. 한마디로 표현하면 '아귀가 맞은 인생'이라고나 할까. 이것만큼 축복받은 일이 또 어디 있을까 싶다. 천성에 맞는 직업을 선택해 꾸준히 할 수 있는 환경이 주어진 데다 제법 실한 열매까지 거두었으니 말이다.
　그러나 순전히 운으로 무언가를 이뤄내고 나면, 그다음이 두려워진다. 언젠가 불시에 이 행운을 도로 잃어버릴 수 있다는 생각 때문이다. 그래서 닥치는 대로 일을 했다. 대중 가수의 세션부터 콘서트 세션, 피아노 연주까지 물불 가리지 않았다. 아침에 일어나 발라드를 쓰고, 오후에 록 음악을 편곡하고, 저녁에는 댄스곡 건반을 치며 하루를 꽉 채웠다.

이렇게 할 수 있었던 동력은 별것 아니었다. '그냥'이었다. 말 그대로 그냥 별생각 없이 닥치는 대로 했다. 그러다 보니 어느 날 그 '그냥'이 내게 행운을 가져다주었다. 내 곡을 빛내줄 좋은 가수를 만난다거나, 다룰 수 있는 장르가 더 다양해진다거나 하는 행운을 얻었다. 무언가 '그냥', '꾸준히' 하다 보니 또 다른 무언가를 얻게 된 것이다.

열정에 불을 지펴줄 원료가 영원히 생겨나서 동기부여가 지속될 수만 있다면야 얼마나 좋을까. 그렇지만, 가만히 앉아 있는다고 동력이 저절로 생겨나는 것은 아니다. 무엇을 잘하는지 모르겠다면 일단 뭐라도 해보자. 그냥 하면 된다. 의외로 '무동기'가 더 오래 달릴 수 있는 동력을 만들어내기도 한다.

몰입과 중독의
위태로운 경계

　연예계에 한 번씩 피바람이 부는 때가 있다. 그동안 이 업계에 몸담으며 숱한 사건, 사고를 보아오다 보니, 이제 웬만한 일은 놀랍지도 않다. 그렇지만 세상을 떠들썩하게 하는 장본인이 음악을 하는 후배들일 때는 여전히 마음이 덜컥 내려앉는다. 특히 약물 중독에 관련되었을 때 더 그렇다. 얼마나 많은 유혹이 그들 곁에 도사리고 있는지 잘 알고 있기 때문이고, '몰입'이 필요한 그들이 '중독'에 얼마나 취약해질 수 있는지도 이해하기 때문이다.

　창작자들은 필연 창조성을 품고 산다. 세상에 존재하지 않는 무언가를 만들어내는 것이 우리의 숙명이다. 무에서 유를 창조하는 건, 아주 세밀한 무언가에 순간적으로 몰입한다는 의미다. 몰입은 고통스러운 일이다. 천재라 일컬어지던 작곡가들조차 고통스러워했다. 천재도 그럴진대 나를 포함한 '노력형' 창작자들의 고통이야 말해 무엇하랴. 제대로 몰입해보려다 기진맥진해진 사람들은 약물의 마수가 뻗치기에 가장 좋은 대상이다.

    녹음하러 미국에 나갔을 때의 일이다. 협업하던 미국 뮤지션들이 작업 도중 내게 대마초를 권했다. 미국에서는 대마초가 합법이다. 심지어 힙합 가수들의 뮤직비디오에 버젓이 대마초를 피우는 장면이 나올 정도다. 그들 사정이 어찌 되었든, 나는 대한민국 국민이다. 대한민국에서는 대마초가 엄연한 '마약류'로 분류된다. 알고 있는 영어 단어를 모두 동원해 한사코 거부하자, 그들은 어떻게 창작자가 대마초를 안 하고 곡을 쓸 수 있느냐며 어리둥절한 표정을 지었다. 대마초가 아무리 강력한 묘약이라 한들, 약 빨고 만든 곡 하나에 내 인생 전부를 담보 잡힐 수는 없는 노릇 아닌가.

    중독은 몰입의 '그림자'다. 가느다란 머리카락 한 올도 빛을 받으면 그림자가 진다. 몰입이라는 강한 빛을 경험하는 사람들에게는 그림자도 더 짙게 드리운다. 창조성이 가진 이중적인 면을 창작자로서 모르는 바 아니다. 다만 빛과 그림자의 경계를 지키지 못하고 어둠에 압도된 창작자들을 볼 때 안타까울 뿐이다. 그들을 위해 내가 할 수 있는 말을 고민한다.

창작자에게는 몰입도 필요하지만, 자아도 필요하다. 말하자면, '나'를 위해 마지막까지 지켜야 하는 마지노선 같은 게 있어야 한달까? 몰입과 중독이 단 1퍼센트의 차이로 갈린다고 해도, 자아를 지킨 사람과 그렇지 않은 사람의 결말은 크게 다르다. 어차피 창작자의 삶에서 몰입과 중독을 빼놓을 수 없다면, '나'를 지켜야 한다. 중독이 나를 잃어버리는 것이라면 몰입은 나를 잃지 않는 것이다.

나의 부족함을
인정하기

 '요즘 음악'은 '우리 때'와는 많이 다르다. 시대가 바뀐 만큼 대중이 원하는 트렌드도 달라졌다. 가수가 노래만 하거나 춤만 추는 걸로는 승부 볼 수 없는 세상이다. 요즘 음악은 '무대'가 필수다. 노래, 춤뿐만 아니라 의상, 미디어아트, 스토리텔링까지, 4~5분에 불과한 무대 한 번이 종합예술작품 그 자체다.

 작곡가 혼자서 코드를 가지고 음악 한 곡을 쓰던 '우리 때'와 작업 방식도 다르다. 요즘 작곡가들은 두 마디, 네 마디 패턴을 여러 명이 공유하며 함께 작업한다. 마치 여러 모양의 퍼즐을 이어 붙여 하나의 그림을 완성하듯이 말이다. 자연히 이런 고민이 생겨난다. 새로운 걸 받아들이는 속도도 빠르고, 아이디어가 반짝반짝한 요즘 친구들 사이에서 내가 할 수 있는 작업은 뭘까? '나 때는 말이야!'를 외치는 꼰대가 되지 않으려면 어떻게 해야 할까?

생각보다 답은 단순하다. 모르는 걸 모른다고 인정하고 가르쳐달라고 할 줄 알면 된다. 그게 성찰이다. 잘 못하는 걸 못 한다고 인정하고 도와달라고 하면 된다. 상대의 나이, 권력, 직위 같은 건 아무것도 상관없다. '쪽팔리기' 싫다고, 허점 보이기 싫다고 아는 척, 잘난 척해봐야 꼰대밖에 더 되겠나.

대신, 굳게 다짐한다. '내 것'은 정확하게 지키자고. 내 안에 쌓인 경험과 깊이가 드러나는 '전문성'은 버리지 말자고. 꼰대가 되는 사람들은 확실한 '내 것'이 없기 때문이다. 내 것이 있으면 새로운 걸 인정하고 배우고 도움을 청하는 일이 어렵지 않다. 그게 없는 사람들이 부족함을 감추려 내세울 때나 쓰는 말이 바로 이 말이다.

"나 때는 말이야!"

흐르는 물처럼
내버려두기

　세상은 돌고 돈다. 1990년대에 유행했던 패션이 '레트로'라는 이름으로 30년이 지난 요즘 다시 유행하는 걸 보면 말이다. 나도 그 당시 입고 다니던 옷들을 옷장 속에서 다시 꺼내야 하나 싶다. 패션도, 취향도, 생각도 사람들은 모두 쳇바퀴 안에서 돌고 돈다. 어느 시대에 무엇의 차례가 돌아왔느냐의 차이일 뿐이다. 하늘 아래 새로운 건 없다.

　역사상 가장 오래도록 '유행'한 건 뭘까? 나는 '공자'의 사상이 아닐까 싶다. 공자는 '인의예지'를 갈고 닦아 인간 노릇을 하고 살도록 가르쳤다. 중국 같은 대국을 통치해야 하는 입장에서는 공자의 사상이 꼭 필요했을 것이다. 인의예지란 결국, 공동체 안에서 자신을 갈고닦으며 살아가는 데에 필요한 덕목이니 말이다. 쉽게 말해, 많이 배워서 집단 안에서 인간 노릇을 하고 살자는 게 공자의 생각 아니었을까.

그런데 세상이 바뀌었다. 개인화, 커뮤니티, 가상화폐, 탈국가. 이런 키워드가 대세인 '디지털 시대'다. 디지털 시대에서도 여전히 공자의 생각이 유용할까? 그렇지 않을 것이라고 생각한다. 디지털 시대는 '노자'의 시대라고들 한다. 노자는 세상과 자연에 순응해 자연스럽게 살라고 말한다. 물이 흐르듯 있는 그대로 두자는 입장이다.

집단이 개인을 규정짓는 시대가 지나가고 있다. '탑 다운' 형식보다 '바텀 업'으로 이루어지는 일들이 훨씬 많다. 나라 대 나라보다 개인과 개인이 소통하고 커뮤니티를 형성하는 속도가 훨씬 빠르다. 가상화폐도 국가에서 만드는 화폐를 넘어선 개념이다. 이렇게 개인화되는 시대는 노자의 시대라고 한다. 국가와 집단에서 개인으로 흐르는 물결을 막을 수 없다. 이 또한 자연스럽게 두어야 한다.

천년을 거슬러 돌아온 '노자'의 레트로라니. 노자는 이런 현상을 보고 무어라고 말할까? 혹시, 이렇게 말하진 않으려나?

"거봐! 그냥 흘러가게 두면 다 된다니까!"

삶의 속도는
안단테

　세상이 음악으로 이루어져 있다면 어떨까? 이 모든 세상이 하나의 악보이고, 우리 한 사람 한 사람은 음표라면 말이다. 만약 그렇다면, 요즘 세상은 마치 '아이돌 음악' 같다. 무엇이든 빠르고 바쁘고 자극적이다. 잠깐만 한눈팔아도 노래가 이미 반절은 지나가 있다. 나의 오랜 친구는 내게 말한다.

　"이 빠르기만 한 세상에서 네 템포는 무척 느려. 빠르게 듣고 잊어버리는 음악들만 가득한 세상에 혼자서 90년대 음악을 재생시키는 것 같아."

　동의한다. 나는 템포가 느린 사람이다. 무엇이든 천천히 생각하고, 한 번 더 돌아본다. 사람을 볼 때 내 템포는 더 느려진다. 하도 많은 사람을 겪다 보니, 이제 한눈에 '내 사람'인지 아닌지 정도는 판단할 수 있다. 그래도 결정하기까지 한 박자 미루기. 이미 다 결정된 걸 왜 한 박자 쉬는 건지, 사람들은 이해하지 못한다. 한 박자 쉬고, 두 박자 쉬고, 그러다 영원히 쉬게 될까 봐 걱정되어서일까?

내게 무슨 꿍꿍이가 있어서 느리게 생각하고 결정하는 것은 아니다. 계산기를 두드리고 실리를 따지느라 그러는 건 더더욱 아니다. 알레그로allegro(빠르게)보다 안단테andante(조금 느리게)의 속도로 생각하고 결정하는 이유는 '관계'와 '사람'에 대해 한 번 더 숙고하고 싶기 때문이다. 나는 누군가에게 상처 주는 일이 싫다. 내 결정이 누구에게도 상처가 되지 않기를 원한다. 그래서 이성적으로 따져 봤을 때 옳다는 결론이 나와도 마지막에 감성 한 스푼, 툭 섞어본다.

'내가 이 사람과 먼 미래까지 좋은 관계를 유지할 수 있을까?'

'일로만 만날 사람이 아니라 좋은 친구로도 함께할 수 있는 사람일까?'

나도 타인도 상처를 주고받지 않으려면 느린 박자가 제격이다. 세상이 아무리 빠르게 돌아간다 해도, 나는 삶의 템포를 '안단테'에 맞추고 싶다. 물이 느리게 끓는다고 미지근하거나 차가운 건 아니다. 아궁이에서 장작불로 느리게 끓인 물이 오랜 시간 따뜻하듯, 소중한 관계의 온기를 오랫동안 지속하고 싶다.

찰칵,
마음이 열리는 순간

인생은 한 방이라 하던가. 나는 인생은 '한마디'라고 생각한다. 자물쇠로 잠긴 듯 꼭꼭 잠긴 사람의 마음을 '찰칵' 여는 열쇠는 말 한마디다. 솔리드와의 첫 만남에 대해 앞에서 이야기했다. 미국물 잔뜩 먹은 교포 애들이 가라오케에서 아카펠라 공연을 선보였던 것 말이다. 그날 나는 재능 있는 세 명의 신인 가수를 발견한 것 이상으로 이들과 가까워졌다. 계기는 이들의 말 한마디였다.

나중에 알게 된 사실인데, 그날 솔리드가 가라오케에 오기 전에 먼저 내 스튜디오를 들렀다고 한다. 무작정 내가 오기만 기다렸지만, 한참을 기다려도 나타나지 않으니 거의 절반은 포기한 상태였단다. 제작사가 아무리 여러 번

연락해도 받지 않고, 스튜디오까지 직접 와서 기다리는데도 나타나지 않으니 인연이 아닌가 싶었다.

그러다 혹시나 하고 마지막으로 들른 곳이 그 가라오케였던 것이다. 만약 여기서마저 나를 만나지 못한다면 그냥 술이나 먹고 돌아갈 생각이었다고 한다. 마지막 승부수를 띄우는 마음으로 온 곳에서 고대하던 '그 사람'을 만났으니 얼마나 기뻤겠는가. 게다가 자기들의 노래를 듣고 두 팔 벌려 환영까지 해주니, 그 기쁨은 이루 말할 수 없었을 것이다. 오죽했으면, 그다지 살갑지도 않은 교포 청년들 중 김조한이 서운함 가득 담긴 눈빛으로 내게 이런 말을 했겠는가.

"왜 우리는 안 사랑해주시는 거예요?"

나는 이 한 문장을 듣는 순간 마음이 무장 해제되었다. 나를 찾아다니며 곡 하나 받겠다는 그들의 간절함과 진심 어린 마음이 내 마음의 자물쇠를 '찰칵' 열었다. 나는 이들에게 이날 약속했다. 곡을 써주는 것뿐만 아니라 이 시간부터 평생 너희에게 잘하겠다고 말이다. 그때 했던 약속 덕분에 지금까지 김조한과는 가족처럼 지내고 있으니, 그때 그 한마디가 내 인생의 일부를 바꿔놓은 셈이다.

말 한마디에 평생을 약속할 만큼 마음이 움직일 수 있

냐 되물을 수 있다. 나는 "얼마든지!"라고 답한다. 같은 한마디라도 진심이 담긴 한마디는 다르다. 이성적으로 들을 때는 전혀 와 닿지 않던 말도, 감성적으로 들으면 그 진정성이 더 확실히 와 닿을 때가 있다. 예술 하는 사람이라면, 사람의 말도 감성적으로 들을 줄 알아야 하지 않겠나. 그래서인가 보다. 지금도 내 마음이 말 한마디에 열리고 닫히는 것은.

오늘은
금주 중

　술을 가리지 않고 좋아하는 편이다. 술을 과하게 마셔도 자세에 크게 변함이 없는데, 어렸을 때 아버지에게 술을 배운 덕분이다.
　"술 마실 때 의자에 등 대지 마라."
　"잔을 부딪칠 땐 나이가 많건 적건 네 술잔을 밑으로 해라."
　아버지가 전해주신 '주도'는 술자리에서 지켜야 하는 자세에서 사람을 대하는 태도가 되었다. 술 한잔 정도야 편하게 마실 수 있다고 생각하지만, 그게 습관이 되면 술버릇이 생긴다. 사람을 만날 때도 비슷한 면이 있다. 지금 눈앞에 있는 사람을 한 번 두 번 서운하고 속상하게 만들면 그런 작은 태도들이 쌓여 나에 대한 평판이 만들어지는 것처럼 말이다.

그러고 보면 술과 인간관계는 닮은 데가 참 많다. 술마다 맛과 향이 다르듯, 사람 또한 저마다 품고 있는 마음의 형태가 다르다. 누구와 있을 때 즐겁고 행복한가 하는 것도 술과 안주의 마리아주 같은 것일 뿐, 누가 더 잘나고 못나서는 아닐 것이다. 남들로부터 사람 가리지 않고 두루두루 만난다는 말을 종종 듣는데 가만히 생각해보면 특정한 술을 편애하지 않는 것과 비슷하다. 고량주, 과일주, 소주, 맥주, 소맥, 양주, 와인에 이르기까지 받아들이는 내 위장이 고맙기조차 하다. 위장이 술을 받아들이는 태도엔 차별이 없다. 더도 말고 덜도 말고, 나도 딱 내 위장처럼만 살면 괜찮을 텐데. 이렇게 말하면 제법 오묘한 생각을 하면서 사는 사람처럼 보이지만, 평소엔 멍한 상태로 있고, 술에 취하면 이런 생각은 전혀 안 난다.

지금은 술을 끊었다. 언제까지일지는 미지수지만 나를 아는 모든 사람이 놀랄 정도로 정말 '딱' 끊었다. 술을 끊은 이유를 거창하게 말해보자면, '인생의 마지막 스퍼트를 올려 치열하게 살아보려고.' 음…… 좀 긴가? 이유가 길면 변명이라던데. 그래도 금주를 하면서부터 건강도 좋아지고, 정신도 맑아졌으니 금주를 결정한 건 잘했다고 자신을 칭찬해주고 싶다.

돌이켜보니 빈 독에 물 붓기처럼 술을 퍼마신 지가 대략 35년이 넘었다. 이 정도 술을 마시면 의사선생님의 강력한 경고를 듣게 된다. 아니나 다를까 이제 그만 마시란다. 그동안 마신 술을 이래저래 합쳐보면 다음 세상에서 마실 술까지 다 마신 듯하다. 기본 소맥 스무 잔. 함정은 이게 끝이 아니라 시작이라는 것. 한번 마시면 멈추질 못하고 "죽어도 좋아!"라고 외치는 수준으로 주야장천 마셔댔다. 하루가 멀다 하고 저녁 6시부터 시작해 해가 밝아올 때까지 술을 마시던 날이 태반이었다. 말 그대로 '미친 말술' 인생이었다.

덕분에 좋은 인연도 많이 만났지만 기억하기 싫은 실수나 감정 과잉으로 인한 섣부른 실언과 허세, 지키지 못할 약속도 터무니없이 많이 했다. 아버지께서 생전에 말씀하시길, "나이 오십이 넘어서도 일 때문에 싫어도 술을 마셔야 한다면 그건 잘못 살아온 인생이다"라고 하셨는데 오십이 넘어서도 술을 끊지 못한 채 이런저런 이유를 달아가며 많이도 마셨다. 그러다 금주를 결심한 것이다.

술을 끊으면서 몸에 좋은 변화가 생겼다. 가장 큰 변

화는 살이 빠진 것. 기억력, 체력, 컨디션도 좋아졌다. 이게 다 실제 느낌인지, 아니면 느낌적 느낌인지 몰라도 생각이 예전보다 디테일해지고 명확해진 건 사실이다. 취기와 숙취에 시달리며 '될 대로 되라지'라고 생각하던 버릇에서 '이건 꼭 해내야지'라고 목표 의식이 선명해졌다. 진작 끊었어야 할 술인지도 모르지만, 이제라도 끊었으니 얼마나 다행이냐며 뿌듯함 넘치는 눈으로 집 안을 돌아본다. 눈에 보이는 것이라곤 죄다 술이다. 금주는 금주인데, 저기 산더미처럼 남아 있는 와인, 바이주, 양주, 소주 등은 어떡하지? 버리긴 아까우니 다 마시고 새로 금주를 시작할까? 뭔가 좋은 생각이 났을 때처럼 가슴이 두근거린다. 이건 습관이고 착각이다. 술을 먹고 싶어서가 아니다. 내 생각과 다르게 두근거리는 가슴이 계속해서 나대지 않도록 물이나 한 바가지 마시고 잠을 청한다.

    언제까지 금주를 할지 모르겠다. 내일의 금주도 모르겠다. 다만, 오늘은 금주 중이다.

꿈을 꿀 것,
내 편을 만들 것

요즘 시대를 전문가의 시대라고 한다. 전문가를 원하고, 전문가가 되어야 하는 시대. 대중은 전문가를 사랑한다. 가수도 작곡가도 대중음악이라는 분야의 전문가라고 할 수 있을 것이다. 내가 존경하는 전문가 중 한 명은 백종원 씨다. 음식 프랜차이즈로 성공한 사업가로만 알고 있었는데 그게 전부가 아니라는 것을 그가 나오는 요리 프로그램을 보다가 알게 되었다. 집에서 혼자서도 쉽게 요리할 수 있는 방법을 알려주는 프로그램이었다. 돼지고기 요리를 소개하는 날이었기에 요리법을 말해주나 싶었는데 통돼지를 부위별로 직접 잘라 보이는 게 아닌가? 각 부위마다 자세히 설명을 곁들이며 직접 돼지를 발골하는 장면을 보고 깜짝 놀랐다. 홀린 듯이 그의 말에 눈과 귀를 기울일 수밖에 없었다.

"와, 음식에 대해선 모르는 게 없구나."

나도 모르게 나온 말이었다. 도축 전문가도 하기 어렵다는 발골까지 척척 해내는 모습이 그 프로그램의 패널들이 보기에도 신기했나 보다. 누군가 그에게 물었다.

"어떻게 이런 것까지 할 줄 아세요?"

"돼지 수십 마리는 잘라봤어요."

돼지고기 부위를 공부하기 위해 통돼지 수십 마리를 직접 잘라봤다고 답하는 그의 모습에서 진정성이 느껴졌다. 무언가에 진심인 '덕후'의 모습이란 저런 것이구나 했다. 왜 사람들이 백종원 씨에게 열광하고, 그가 수십 개의 프랜차이즈를 거느린 사업가로 성공할 수 있었는지 알 수 있는 대목이었다.

우리는 자기 일을 진심으로 대하는 전문가들의 진정성 어린 스토리에 이끌린다. 그리고 그 진심과 지식을 사람들과 나누려는 이에게 감동받는다. 어려운 이야기를 어려운 용어를 쓰며 늘어놓는 사람의 이야기는 왠지 모르게 지겹다. 어려운 건 쉽게 표현하고, 쉬운 건 깊게 표현하고, 깊은 건 재밌게 표현할 줄 아는 사람, 그런 사람을 우리는 '전문가'라고 인정한다.

그렇다면 나는 지금 전문가인가? 회사를 운영하고 있지만 경영 전문가라고 하기엔 부족함이 많은 것 같다. 그래서 회사의 대표로 어떤 리더가 되어야 하는지 끊임없이 고민하게 된다. 경영 전반에 걸쳐 모든 것을 잘하긴 어렵지만 리더의 책임에서 벗어날 수는 없어서 작은 실마리라도 찾고자 몇 년 전부터 고전을 찾아 읽고 있다. 고전의 저자들이 공통으로 알려준 것은 두 가지 덕목이었다.

인색하지 않을 것.
교만하지 않을 것.

수긍이 갔다. 책을 읽는 동안 '어떤 리더가 되어야 하는가?'에서 '어떤 리더가 되고 싶은가?'로 생각의 줄기가 바뀌었다. 책의 가르침에 조심스레 내 생각 몇 가지를 덧붙여 보았다. 리더는 사람들에게 꿈과 비전을 보여주는 사람이어야 한다. 사람들은 리더의 꿈을 따라간다. 그런데 꿈꾸는 리더 옆에 계속 현실만 들이미는 사람들만 있다면 그 꿈도 모두 허황된 일로 느껴지지 않을까? 그러니 끝까지 내 편이 되어줄 수 있는 사람을 꼭 곁에 두어야 한다. 리더는 사람의 온기로 꿈을 꾸고, 사람의 힘으로 나아가는 사람이기 때문이다. 앞으로 생각이 바뀔 수도 있지만 현재 내가 되고 싶은 리더는 다음과 같은 사람이다.

꿈을 꿀 것.
내 편이 되어주는 사람을 만들 것.

아직 내가 되고 싶은 리더가 되지는 못했다. 그래서 더 뜨겁게 꿈을 꾸고, 더 힘차게 내 편이 되어주는 사람들을 안아보려고 한다. 방향을 알았으니 꾸준히 가는 일만 남았다.

욕구와 욕망의
화해를 꿈꾸다

 욕구와 욕망. 얼핏 닮은 듯하지만, 정체는 서로 다르다. 마치, 비슷하게 생겼지만, 성격은 정반대인 형제 같다고나 할까. 욕구는 내 안에서 시작된다. 하고 싶은 마음, 이루고자 하는 것, 원하는 것이 욕구의 속성들이다. 무엇이 되었든 욕구는 내 마음 안에 있다. 욕망은 반대다. 밖으로부터 온다. 달성하고자 하는 것을 바라는 점에서는 욕구와 닮았지만, 그 기준을 사회나 타인이 정했다는 점에서 욕구와 다르다.

 곡을 만들 때 내 마음속에서는 욕구와 욕망의 줄다리기가 시작된다. 하고 싶은 것과 해내야 한다고 요구되는 것, 이 두 가지를 충족하려고 애쓰는 사이에서 '퀄리티'가 생겨난다. 그렇지만 이 '퀄리티'를 만들어내는 과정은 말처럼 쉽지 않다. 줄다리기는 늘 딜레마를 만들어낸다. 욕구와 욕망, 어디에 더 집중해야 할지 갈피를 잡기 어렵다. 이쪽, 저쪽의 힘이 팽팽하게 맞설 때는 더욱 그렇다.

    만약 당신도 지금 욕구와 욕망 사이를 헤매고 있다면 그건 당신이 초짜라서가 아니다. 누구나 창작의 과정에서 그런 딜레마를 겪는다. 그러니, 안심하시길. '줄다리기'란 이런 식이다. 글을 쓴다고 생각해보자. 당신은 문장력과 구조를 모두 갖춘, 좋은 글을 쓰고 싶다. 그러나 그것들에만 치중하다 보면 어느새 '뻣뻣한 글'이 된다. 차라리 문장의 세련미나 글의 구성력은 조금 부족하더라도, '날 것' 그대로의 글이 더 재밌을 때가 있다. 글 쓴 사람의 욕구가 느껴지기 때문이다. 독자에게 전달되었으면 하는 메시지가 담겨 있기 때문이다.

    욕구와 욕망은 대부분 양극에서 작용한다. 한쪽을 더 힘주어 당기면 다른 한쪽은 끌려간다. 중간 어느 지점에서 승부를 판가름해야지, 양쪽 모두 취하려고 해봐야 욕구와 욕망의 대결은 끝나지 않는다. 이 둘을 모두 완벽히 충족시키는 건 비현실적이라는 이야기다. 그렇게 쉬운 일이었다면, 애초부터 '딜레마'라는 걸 겪지 않아도 되었을 것이다.

내게는, 당연히 음악이 그런 존재다. 생생한 감정이 그대로 느껴지는 곡을 쓰고 싶은 욕구를 느낀다. 이별에 대한 곡을 쓴다면, 듣는 사람에게 이별의 아픔과 슬픔이 절절히 느껴졌으면 좋겠다. 그러면서도, 이 곡이 곡으로서의 완성도를 가진 '미학적 가치'도 가지길 바란다. 욕심이라는 걸 알면서도 그 마음을 내려놓기가 어렵다.

오늘도 나는 욕망과 욕구를 화해시키기 위해 애쓴다. 욕망인지, 욕구인지 알 수 없이 뒤섞인 상태에서 욕심을 낸다. 못하는 것일수록 더 강하게 원하는 이 심성을 어떻게 달래야 할까. 욕구와 욕망의 균형을 맞추려면 어느 쪽이든 붙들고 있는 손의 힘을 조금 내려놓아야 하는데. 그게 참, 여전히 어렵다.

대중음악의
위대한 매력

1960년대 대중음악이 본격적으로 유행하기 시작했을 때 어떤 사람들은 대중가요를 '여학생들이나 듣는 것'으로 치부했다. 대중음악을 경박하게 여겼던 이들이 진중하게 생각했던 것은 철학이었다. 자신을 이해하고 사상을 통해 세상을 변화시키려는 원대한 분야는 오직 철학뿐이라 여긴 것이다.

그러나 시간이 흘러 그 기괴하고 이해할 수 없는 대중음악이 시작된 1960년대부터 철학은 정체되었고, 그들이 경시했던 대중음악이 세상을 주도하기 시작했다. 지금은 사상을 표현하는 최고이자 최대의 매체가 '대중음악'이 아닐까 싶다. 이제는 철학이 살아남으려면 대중음악을 연구

해야 하는 시대가 되었다. 그렇다면 대중음악의 무엇이 사람들을 이렇게나 강력하게 사로잡은 것일까?

우선 대중음악은 메시지를 전달하는 방식이 매력적이다. 알기 쉽고 따라 부르기도 쉽다. 노래가 메시지라면 혼자서도 메시지를 흥얼거리는 방식이 된 것이다. 메시지는 반복을 통해 각인되는데, 혼자서든 여럿이든 노래를 부르는 방식을 생각해보라. 더 나아가 우리나라 콘서트의 상징처럼 되어버린 '떼창'을 생각하면 핵폭탄급 위력을 가진 게 아닐까.

두 번째로 대중음악은 사람들의 두터운 방어기제를 뚫고 상상으로 들어간다. 데카르트는 "나는 생각한다. 고로 존재한다"라고 말했지만 우리는 "나는 상상한다, 고로 느낄 수 있다"고 말할 수 있는 것이다.

세 번째는 공감의 힘이다. 옳다, 그르다로 편 가르기를 하지 않고 공감을 일으켜 설득하는 방식이다. 옛이야기 중에 바람과 해가 나그네의 옷을 벗기는 내기를 하는 내용이 있다. 누가 더 강한지 설전을 벌이다가 지나가는 나그네의 옷을 벗기기로 한 것인데 바람이 먼저 자신 있게 나섰다. 그런데 아무리 있는 힘껏 세게 불어도 나그네는 옷을 꽉 잡고 웅크리기만 할 뿐 옷을 벗지 않았다. 지친 바람이 물러서자 해가 나섰다. 해는 힘을 주지도 않았다. 그저 다사로운 햇볕만 내려보냈다. 얼마 지나지 않아 나그네는 어느새 옷을 벗고 있었다. 이 이야기는 다양하게 해석되겠지만, 내게는 설득과 공감의 차이로 보인다. 힘을 잔뜩 준 설득은 상대의 마음을 열지 못한다. 반면 따뜻한 공감은 상대의 마음을 저절로 열게 한다. 대중음악이 가진 가장 강력한 힘이 바로 "이건 내 이야기야"라고 외치게 만드는 공감력일 것이다.

네 번째는 대중음악은 그 어떤 종교보다 강력한 지지자들을 지니고 있다는 점이다. 역사상 어떤 예술이 현대의 대중음악처럼 열렬한 사랑과 찬사를 받은 적이 있던가. 대중음악은 선생이라기보다 친구이며, 사람들의 기쁨과 슬픔을 함께하며 압도적으로 사랑받는 동시에 의지하는 대상이다.

또한 대중음악은 각자의 파트별로 독립된 예술을 이룬다. 작곡, 편곡, 세션, 가수 등은 각자의 자리에서 재능을 보인다. 이렇듯 별도로 독립된 영역이지만 하나로 합쳐지면 종합예술이다. 한 사람만의 낭만적인 감성이 하나의 별이라면, 한 곡의 노래는 별들이 모여 이룬 별자리라고 할 수 있을 것이다. 감성의 컬래버레이션이라고나 할까.

마지막으로 대중음악의 목적은 무엇일까? 나는 대중

음악의 궁극적인 목적이 '집단의 행복'에 있다고 생각한다 (이렇게 말하면 꼭 사이비 종교인 같지만 열기에 빠진 콘서트장에서 가수는 제사장 같고 청중은 지지자 같다는 인상을 받은 적이 있다). 하지만 이 모든 것을 뒤로 하고 대중음악도 철학으로부터 배울 것이 전혀 없는 것은 아니다. 대중음악은 인간이 다룰 수 있는 모든 주제를 다루고 있지만, 제대로 활용하고 있다고 볼 수는 없을 것이다. 본질적인 주제의식이 부족해서일까? 크고 원대한 이상을 다루지 않아서일까? 하지만 우리가 그것을 필요로 한다면, 미래에는 좀 더 개혁적이고 변혁적인 주제를 다루며, 그 주제를 욕실, 화장실 앞에서도 부를 수 있는 대중음악이 나올 것이다. 대중음악은 언제나 우리 내면의 삶과 함께해왔으니 말이다. 철학과 대중음악의 신나는 컬래버레이션을 기대해보자.

도망치는 마음을
붙잡으며

열심히 사는 만큼 좋은 곡을 쓴다는 보장이 있다면 얼마나 좋을까? 그렇게만 해서 좋은 멜로디를 만들어낼 수만 있다면, 하루하루 더 열심히 살 것이다. 곡을 쓸 때는 어제보다 오늘이 더 좋아야 한다. 쉬운 일은 아니다. 손에 잡힐 듯 잡히지 않는 멜로디를 어떻게든 붙잡아 세상에 내놓아야 한다. 이 고통의 시간에 접어들기 전, 나는 '무당'의 마음이 된다. 새벽에 정화수를 떠다 놓고 잘 보살펴 달라며 신에게 기도하는 무당의 마음과 내 심정이 다르지 않다. 계속 풀어지려는 마음, 다른 곳으로 도망치고 싶은 마음을 붙잡다 곡을 쓰는 나를 만든다. 나태한 마음이 도망자라면 열심을 내는 마음은 추격자다.

도망자와 추격자.

    두 갈래로 갈라진 마음의 경계를 헤맨다. 조금만 발을 헛디뎌도 아래로 추락해버릴 것 같다. 벼랑 끝에 선 위태로움을 느낀다. 불안정하고 불완전한 상태를 버텨야 하는 삶이다. 이 위태로움을 잊는 방법은 '집중'뿐이다. 최대한 집중해서 일하기. 영감은 불현듯 찾아오는 반가운 손님이 아니라는 걸 알고 있다. '일'로서의 음악은 싸우는 과정이다. 나와의 싸움, 슬럼프와의 싸움, 아이디어 싸움. 이 싸움의 과정을 거쳐 노래 한 곡을 겨우 건져 올릴 수 있다. 어떨 땐 너무 막막해 꼼짝할 수 없을 때도 있다. 막혀버린 물길처럼 어디로도 움직일 수 없을 것 같을 때. 그럴 때 나는 가만히 앉아 나를 바라본다. 마치 높은 곳에서 강물을 내려다보듯이 나를 관조한다. 나는 어디로 가고 있는가?

    인간은 경계에서 살아가는 존재인 듯하다. 불완전한 삶이 불안하고 경계에서 추락하는 것 말고는 할 수 있는 게 없다고 느껴질 땐 차라리 경계 위에 서 있는 자신을 관찰하자. 삶이란, 내가 하는 음악이란 경계 위에 아슬아슬하게 버티고 서 있는 작은 발자국 같은 것이려니.

불완전함을 직시하라

　인생은 '솔루션'이다. 곡이 안 써지면 곡을 써야 하고, 사업이 안 되면 해법을 찾아야 하고, 관계에서 갈등이 생기면 해결을 해야 한다. 눈을 뜨면 해결해야 할 일들이 나를 기다리고, 해결책을 모색하고 찾는 것만으로도 하루가 다 지나갈 때도 있다. 어쩌면 인생은 무언가를 어질러놓은 걸 해결하는 과정인지도 모른다. 그런데 어느 순간부터 정답을 찾으려는 시도를 하지 않게 되었다. 내가 찾은 해답이 정답이 아닌 적도 많았지만 시간이 지나면 문제가 알아서 풀리곤 했기 때문이다.
　불안하지 않은 미래도 없고, 걱정할 것 없는 인생도 없다. 불안과 걱정은 공기처럼 우리 곁에 항상 존재한다. 아무리 노력해도 완전한 삶을 만들어낼 수는 없는 이유는 사람이 그런 존재여서일 것이다. 불완전성이 삶과 인간의 본질이라면, 그런 나를 인정하는 게 마음 편하다. 그 불안과 걱정을 해결하려고 계속해서 노력하는 과정, 그게 결국 삶이 아닐까.

그럼에도 나의 불완전함을 인정하는 일은 낯설고 두렵다. 모든 일이 내 계획대로만 흘러가지는 않는다는 사실을 인정하는 것, 때로는 내가 어떤 방법으로도 해결할 수 없는 일도 있다는 사실을 받아들이는 것이 말처럼 쉬운 일이던가. 그렇지만 '솔루션'은 불완전함을 똑바로 바라보는 데에서 생긴다. 해결책이 떠오르고, 방법이 생기고, 위안이 생긴다. 해결해야 하니 집중하게 되고, 집중하면 새로운 창작물과 세상을 바라보는 기준이 만들어진다. 문제 해결이 절박할 때, 통찰력이 생겨난다. 불완전성은 우리의 모든 감각과 집중을 일깨우는 자양분이다.

물음표에서 또 다른
물음표로

좋은 예술 작품은 좋은 질문을 던진다. 잘 만든 영화는 관객들에게 한 번쯤 생각해볼 만한 질문을 남긴다. 좋은 화법도 그렇다. 마침표로 끝나는 말보다 물음표로 끝나는 말이 듣기에 더 좋다.

"내 생각은 이러니까 이렇게 해."

"내 생각은 이런데 너는 어떻게 생각해?"

답을 내리는 말은 마침표가 찍히며 거기에서 끝나버린다. 그런데 물음표로 끝나는 말에는 그다음이 있다. 상대에게도 말할 차례가 생기기 때문이다. 그다음 말에 다시 물음표를 붙이고, 다시 물음표를 붙이면 생각의 연쇄 작용 같은 것이 일어난다. 생각에 고리를 걸고 질문과 대답, 질

문과 대답을 이어가다 보면 아무리 어려운 문제라도 해법과 교훈을 찾을 수 있다.

무언가를 결정할 때도 마찬가지다. 나에게 물음표로 끝나는 질문을 던진다. 그러면, 나를 들여다보게 된다. 나는 어떤 생각을 하고 있을까? 내가 하고 싶은 건 무엇일까? 나와의 상호작용에서 생겨나는 또 다른 무언가가 있다. 나에 대한 깨달음일 수도, 질문에 대한 제3의 답일 수도, 다른 질문을 만들어낼 또 다른 질문일 수도 있다. 내게 질문의 '층'이 겹겹이 쌓이는 느낌이랄까.

그 과정이 참 즐겁다. 내가 물음표 화법을 즐기는 이유다. 사고의 깊이를 끌어낸다. 물음표가 또 다른 물음표로 이어지는 과정에서 답을 찾고, 또 다른 질문을 던지며 외연을 확장해나간다. 인간관계도 그렇다. 물음표는 상대와 나에 대한 깊은 이해를 만들어낸다. 조심스럽게 깊이를 만들어 가는 과정, 영감과 열정을 자극하는 과정, 이것이 물음표 화법이다.

소리와 마음을
이어주는 사람

　은퇴 후, 노년에 무엇을 하고 있으려나? 다양한 가능성이 있지만 여전히 음악 가까이에 있을 것이라는 사실만은 확실하다. 노년의 감성으로 사랑과 인생에 대해 노래할 것이다. 죽을 때까지 딱 하나의 작업만 해야 한다면, 음악으로 행복을 주고, 행복을 느낄 수 있는 음악을 만들고 싶다. 그때는 지금보다 기술이 더 발전해 있을 테니 새로운 음악에 도전해보지 않을까. 예를 들면 영화나 게임에 도입된 3D, 4D 기술을 음악적으로 구현한다든가.
　예를 들면 이런 것이다. '비 오는 날의 피아노'라는 주제로 만든 곡이 있다고 상상해보자. 그 음악을 들을 때 정말 내 주위로 비가 오는 것처럼 느껴진다면 어떨까? 빗속에 서서 빗소리를 들으며 피아노를 감상하는 느낌이 나지 않을까? '파도 소리'를 주제로 한 곡이라면, 파도가 치는 제주도 바닷가에 앉아 있는 것 같은 느낌을 주는 소리가 들리는 것이다. 소리만 들어도 시각적인 이미지가 눈앞에 펼쳐질 수 있도록 하는 것, '공감각적인 음악' 같은 것. 빗소리를 '듣는' 것에서 더 나아가 빗소리를 '맞는' 음악을 할 것이다.

뇌를 자극하는 건 세 가지라고 한다. 첫째는 전류. 그런데, 뇌에 전류를 흘려보내는 건 너무 위험천만한 일 아닌가. 두 번째는 약물. 하지만 약물은 중독성이나 내성이 생길 수 있어 위험하기는 매한가지다. 세 번째는 소리. 진동을 주어 뇌의 여러 부분 부분에 자극을 전달할 수 있다. 위험하지 않은 데다 뇌를 자극하는 효과까지 있으니 소리야말로 최고의 힐링 수단이 될 수 있을 것이다. 편안하게 잠드는 데 도움을 주거나 심장박동을 진정시키는 3D 사운드로 사람의 멘탈까지 편안하게 만들 수 있는 소리를 만들 수 있었으면 좋겠다.

소리를 보고 만지며 그리운 누군가를 기억하고 추억할 수 있다면. 바람 소리를 듣다 보면 그 끝에 보고 싶은 누군가가 서 있고, 물결 소리를 듣다 보면 그 풍경 속에 아련한 누군가 웃고 있는 모습을 볼 수 있다면 좋겠다. 소리와 마음을 이어주는 사람이 되고 싶고 그런 음악을 하고 싶다.

내 삶의
마지막 한 줄

"형, 묘비명에 뭐라고 쓰여 있었으면 좋겠어요?"

평소 아끼는 동생이 내게 물었다. 뜬금없이 무슨 질문인가 싶었지만 이내 어떤 의미인지 이해가 되었다. 그건 내가 사람들에게 어떤 사람으로 기억되고 싶은지에 대한 물음이었다.

"글쎄……. 하나 확실한 건, 사업가는 아니었으면 해."

말은 이렇게 했지만 앞으로 10년은 사업에 '완전 몰입' 할 생각이다. 다만 내 마지막이 '사업가'로 기억되지는 않았으면 한다. 누가 뭐래도 내 원천은 창작자니까. 문득 나도 궁금한 마음이 들어 동생에게 되물었다.

"너는 나를 뭐라고 기억할 것 같냐?"

동생은 잠시 고민하더니 이렇게 말했다.

"음……. 누군가의 이야기를 귀담아들어줬던 사람이요."

아, 폭풍 감동. 생각하지도 못한 답변이었다. 내가 정말 그런 사람이었던가? 돌이켜보았다. 늘 그렇지는 못했던 것 같은데. 그래도, 이 사람에게는 그랬던가 보다. 누군가 나를 믿어주고 좋은 사람으로 봐주면, 내가 그런 사람이 아니었더라도 그에 걸맞은 사람이 되고 싶다. 그 신뢰에 대해 책임을 지고 싶어서 한때는 이런 묘비명을 생각했다.

'좋은 창작자이자 굿 리스너였던 김형석, 여기에 잠들다.'

그런데 이제는 이 말조차 허세처럼 느껴진다. 지금은 그저 내가 처음 만든 노래 제목 하나 새겨두고 싶다. 내 삶의 마지막 한 줄은 그걸로 족하다.

김형석, 사랑이라는 이유로.

―――― 김형석의 노랫말 다시보기 ――――

나였으면

늘 바라만 보네요.
하루가 지나가고 또 하루가 지나도
그대 숨소리 그대 웃음소리
아직도 나를 흔들죠
또 눈물이 흐르죠.
아픈 내 맘 모른 채 그댄 웃고 있네요.
바보 같은 나 철없는 못난 나를
한 번쯤 그대 돌아봐 줄 수 없는지
알고 있죠. 내 바램들은
그대에겐 아무런 의미 없단 걸
나였으면 그대 사랑하는 사람
나였으면 수없이 많은 날을
나 기도해왔죠.
푸르른 나무처럼 말없이 빛난 별처럼
또 바라만 보고 있는 나를
그댄 알고 있나요.

| 김형석 작사·작곡, 〈나였으면〉, 나윤권《중독》, 2004. |

―― 김형석의 치유하는 음악 ――

Sunset Hill

어리석은 이들은
눈에 보이지 않으면
믿지 않지.

사람들은 종종 잊는 것 같아.
믿었기 때문에 볼 수 있는
자격이 주어진다는 걸.

5장

| Outro |

계속 좋아하고 싶어서

당신이라는
목적지

당신을 좋아한다.
당신을 생각하면 몸속의 적혈구, 백혈구가
나뭇잎처럼 바스락바스락
기분 좋은 소리를 내며 춤을 추는 것 같다.
내 몸이 다양한 생명체로 가득 찬 숲처럼
바람에 흔들리며
봄, 여름, 가을, 겨울 각기 다른 계절의 냄새를 환기시
키고,
그중 어떤 냄새는 과거의 먼 시간 속에 있던
기억 하나를 소환시킨다.
예를 들면 어린 시절 처음 손끝에 닿았던

피아노 건반의 감촉 같은 것.
숲에 서 있던 나무가
맑고 투명하고 애잔하면서도 강렬한 소리에
이르게 될 때까지의 시간 같은 것.

당신에게 가는 길은
내 전 생애를 바치는 길.
바다로 흐르는 강물처럼
강으로 돌아오는 연어처럼
당신을 향해 떠나고
당신을 향해 돌아온다.

상상 속 친구
핑구

　많은 일을 해왔지만 생각해보면 좋아하는 일을 꾸준히 해왔을 뿐이다. 남들 앞에 서거나 의견을 강하게 내야 하는 등 잘 못하고 어색하게 여기는 일들도 더러 끼어 있긴 했지만 햄버거 패티 사이에 끼어 있는 피클처럼 좋아하는 일을 하기 위해서라면 눈 딱 감고 삼켰다. 좋아하는 것을 계속할 수 있는 환경 속에 오래 남아 있기 위해서 내 나름대로 열심히 노력해온 것이다. 덕분에 좋아하는 음악을 직업으로 삼아 수십 년 넘게 밥 먹고 살아왔으니 크게 축복받은 인생이다.

　어릴 때 낙서를 무척 좋아했다. 숙제하는 척 공책을 펴

놓고는 맨 뒷장에 그림을 끼적이곤 했다. 마징가 제트도 그리고, 상상 속의 친구도 그렸다. 상상 속의 친구는 머리에 꽃을 꽂은 강아지였는데 이름은 '핑구'였다. 핑구는 장난기 가득한 표정으로 폴짝폴짝 뛰곤 했다. 신나면 꼬리를 마구 흔들었고, 풀이 죽으면 꼬리가 축 처졌다. 핑구를 그릴 땐 나도 모르게 입가에 그린 듯 미소가 지어졌다. 그러나 꼬리도 길면 밟히는 법. 어느 날, 아버지에게 핑구를 그리는 모습을 딱 걸리고 말았다. 아버지가 보기엔 내 친구 핑구도 낙서 나부랭이였다. 엄하기로 둘째가라면 서러웠던 아버지로부터 불호령이 떨어졌다.

"공책 전부 다 들고 안방으로 오너라!"

공책 열 권가량을 들고 내 방에서 안방까지 가는 그 몇 발짝이 마치 지옥으로 향하는 천리만리 길처럼 느껴졌다. 아버지 앞에 무릎을 꿇고 앉았다. 아버지가 공책을 한 권씩 들춰보셨다. 열 권 모두 내가 그린 그림(아버지 눈엔 낙서)으로 가득했다. 사형선고를 기다리는 사형수의 마음으로 아버지의 처단을 기다렸다. 하라는 공부는 안 하고 그림이나 그리는 아들놈의 행태에 아버지는 단단히 화가 나셨던 모양이다. 커다랗고 두툼한 손으로 공책을 집어 모두 반 토막을 내놓으셨다. 아버지의 기세에 눌려 반항 한마디 해보지도 못했다. 찢어진 공책을 들고 방으로 돌아와 핑구의 잘려나간 허리춤을 테이프로 붙였다. 눈물인지 콧물인지 분간하기 어려운 무언가가 공책 위로 후드득 떨어졌다.

　어른이 되어서도 핑구를 그렸다. 지금도 물론 핑구를 그린다. 다른 이유가 있어서는 아니다. 그냥 좋아해서다. 좋아하니까 그만두지 못하는 것이고, 그만둘 이유가 없으니 계속 그리는 것뿐이다. 흔히 좋아하는 일을 해야 할지, 잘하는 일을 해야 할지 일종의 '밸런스 게임' 같은 질문을 하는데 업계의 전문가가 되려면 좋아하는 일을 잘하거나, 잘하는 일을 좋아해야 그 씬에 오래 남게 되는 것 같다. 자신이 좋아하는 일을 하면 슬럼프나 번아웃이 왔을 때도 버텨낼 수 있지만, 그렇지 못하면 힘든 시간이 몇 배는 더 괴롭지 않을까. 좋아하는 일을 그저 그런 수준으로 하면 아마추어다. 프로의 세계에선 내가 좋아하는 것을 넘어 남들이 인정하는 정도로 해내야 한다. 어떤 분야의 일이든 오래 하다 보면 기복도 있고 부침도 생기지만 그래도 좋아하는 일을 계속하는 사람으로 살아간다는 건 엄청난 행운임에 틀림없다.

　지금도 내가 좋아하는 핑구는 손을 몇 번만 움직이면 장난꾸러기가 되어 퐁퐁 튀어 오른다. 노트에선 절단 났지만 내 안에서 살아남은 핑구는 예전과 똑같이 장난기 가득

한 표정으로 폴짝폴짝 뛰고 있다.

    내 친구 핑구
    머리엔 꽃 한 송이

    핑구가 뛰면 꽃도 따라 팔랑
    핑구가 서면 꽃도 따라 잠잠

    핑구 친구는 나비
    핑구와 나비는 깐부

지혜롭게
파도타기

하룻밤 자고 일어나면 새로운 기술과 개념들이 출몰한다. 국경도 집단도 이들 앞에서는 점점 무용해지는 것 같다. 하지만 이것도 아주 낯선 현상만은 아니다. 이미 SNS나 커뮤니티에서는 국가 개념이 없어진 지 오래이기 때문이다. 저스틴 비버를 좋아하는 한국 소녀가 그의 트위터를 팔로우했다면, 그 둘 사이에는 이미 국경도 인종도 사라진 셈이 된다. 미국과 한국이라는 경계가 이 둘에게 어떤 의미가 있단 말인가?

음악도 마찬가지다. 점점 국가의 경계가 사라지고 있음을 느낀다. 예전에는 음악을 분류할 때 그 음악이 만들어진 대륙이나 국가를 기준 삼았다. 예를 들어 미국에서 만든 팝송은 '북미 음악'이라고 분류되었다. 중국에서 만든 음악이면 '중국 음악', 우리나라에서 만든 음악은 '한국 음악'으로 분류했다. 국가의 개념이 뚜렷했던 소위 '우리 때'의 일이다.

지금은 패러다임이 변화했다. 음악은 더 이상 국가의 것이 아니다. '너와 나'의 음악이다. 이제는 그래미상 후보에 오르는 일이 자연스러운 현상이 되어버린 BTS의 음악을 한국인만의 음악이라고 말하는 사람은 없을 것이다. 비한국어권 사람들이 한국어 가사를 외워서 완창하고, 춤을 따라 추는 모습은 더 이상 충격적인 일이 아니다. 그들에게도 우리에게도 음악은 음악이기 때문이다.

국가의 경계가 희미해지면서, 세상 어디에 가도 통하는 '객관성'이라는 것의 의미가 퇴색되고 있다. 상대적이고 주관적인 것들의 세상이다. 평생 히말라야만 보고 살았던 티베트인을 서울에 데려왔다고 생각해보자. 남산을 보여주며 '산이 참 높지?'라고 물어본다면 그는 뭐라고 대답할까? 그냥 뒷동산 정도 높이 가지고 유세 떤다고 생각하지 않을까? 그래서인지 객관성이라는 말에 신뢰가 잘 가지 않는다. 객관성이라는 것도 결국 개인이 주관적으로 경험한 세계 안에 존재하는 것이다. 이제는 주관성이 '먹히는' 세상이다. '집단', '조직', '국가'를 내세워봐야 횡포밖에 되지 않는 시대다. 그 횡포를 부수는 것에 앞장서는 것이 디지털이다. 화폐, 장소, 경계, 모든 면에서 우리는 새로운 우주로 진입하고 있다.

한때 '메타버스'라는 단어를 모르면 대화에 끼지 못하던 시기가 있었다. 지금이야 하도 많이 회자된 덕분에 의미를 정확히 알든 모르든 일상용어처럼 쓰이고 있지만, 그래도 아직 이게 정확히 뭔가 싶은 사람들도 많을 것이다. 메타버스는 가상 세계 전체를 가리킨다. 이곳에서 사람들은 공동체를 만들고 현실 세계에서처럼 필요한 것을 거래한다. 말 그대로 '우주' 그 자체다. 그 우주가 존재하는 장소만 디지털 세상으로 옮겨졌을 뿐이다. 예를 들어, 평소에는 그림을 하나 사려고 했다면, 갤러리에 방문해야 했다. 메타버스에서는 갤러리가 없어도 작가와 고객이 직거래를 할 수 있다. 거래 수단은 가상화폐로 이루어진다.

메타버스가 새로운 세계관으로 각광받다 보니, 기획사들도 점차 활동 영역을 디지털 세상으로 옮겨가고 있다. 기존에 하던 일을 큰 틀에서 변함없이 유지하지만, 메타버스 안에서 할 수 있는 것들을 새롭게 기획하는 것이 달라진 면이다. 시대성을 관찰하고, 그에 맞는 기획을 내놓고, 디지털로 변환시키는 기술적인 지원과 프로모션 마케팅까지 모두 '메타버스 맞춤형'으로 변해가고 있는 듯하다.

메타버스의 핵심은 무엇일까? 나는 만남이라고 생각한다. 좀 더 구체적으로는 개인과 개인의 만남이다. 이 거대한 변화는 어디에서 비롯된 것일까? 가장 먼저 '개인의 욕망'을 생각해볼 수 있을 것이다. 인간의 욕망은 끝이 없다. 욕망하는 걸 무엇이든 이룰 수 있다면 우리는 이미 재벌이나 대통령, 아니 우주 정복자도 되었을 것이다. 상상 속에서 우리는 우주에도 가고, 억만장자가 되기도 하고, 도시를 건설하고, 최고의 권력을 휘두르기도 한다. 내 욕망대로 모든 걸 이룰 수 있었다면 나는 이미 모차르트와 베토벤 뺨치는 세기의 작곡가가 되었을지도 모른다.

다행인지 불행인지 욕망을 품는다고 모두 다 이룰 수 있는 것은 아니다. 현실에서 이루지 못한 욕망은 머릿속 상상으로 남는다. 그럼에도 언젠가 이 상상이 현실이 된다면? 사실, 이런 일은 이미 현실에서 벌어지고 있다. '디지털'이 인간의 욕망에 날개를 달아주고 있기 때문이다. 인간의 욕망과 디지털이 만나 빅뱅으로 폭발한 셈이다. 예를 들어 NFT는 블록체인 기술을 통해 데이터에 대한 소유권을 정해주는 개념이다. 비유하자면, '족보' 같은 것이다. 족보에는 내가 어느 가문의 몇 대 손이고 누구의 자식이라는 게 기록되어 있다. NFT도 그러한 '소유권'을 인증해주는 것이다. 인증하는 순간 소유권이 생기고, 소유권이 생기면 거래가 가능해진다. 아트나 그림에 대한 개념으로 많이 알려져 있지만, 사실 음악도 NFT를 발행할 수 있다. 코드 하나, 멜로디 하나에도 소유권을 인증할 수 있기 때문이다. 사실상 가상 세계에서는 모든 것이 NFT가 될 수 있다. 그래서 NFT가 메타버스의 경제활동에 가장 중요한 축이 될 것이라고 보는 사람들도 있다.

메타버스라는 새로운 우주에서 승자는 누가 될까? 데이터를 갖고 있는 사람일 것이다. 어떤 데이터와 플랫폼을 갖추었느냐가 굳건한 승리를 만들어줄 것이다. 최근 음악계에서도 큰 화제가 되었던 저작권Intellectual Property 개념도 달라질지 모른다. 가상현실이 만들어내는 '빅뱅'을 보고 있노라면 과거 어느 시점에 대한 기시감을 불러일으킨다. 마치 우리나라에서 강남이 개발되기 직전의 모습을 보는 것 같다. 성장 가능성을 일찍이 알아보고 몰려든 사람들, 한몫 잡고 빠지려는 사람들, 뭐가 뭔지 몰라도 일단 모여드는 사람들까지. 황량했던 대지가 마천루로 빼곡히 채워진 지금의 강남이 될 거라고, 그들조차도 예상하지 못했을지 모른다. 지금 디지털 세상도 그때처럼 '난리 북새통'이다.

하루가 다르게 바뀌는 세상을 바라보며 신기함과 두

려움을 동시에 느낀다. 이 욕망의 전쟁터를 제어할 수 있는 것은 무엇일까? 한 가지 확실한 건, 새로운 세상이 다가오는 건 시간문제일 뿐, 거스를 수 없는 현상이라는 점이다. 거대하게 밀려오는 파도와 맞서 싸울 게 아니라 지혜롭게 파도를 탈 준비를 해야 할 듯하다.

인간을 치유하는
기술

　기왕 메타버스와 디지털에 대한 이야기를 꺼낸 김에 기술에 대한 이야기를 조금 더 해보자. 기술이 지인들과 이야기를 나눌 때 대화의 중심이 되는 일은 드물지만, 일단 화제에 오르면 뜨거운 갑론을박이 펼쳐진다. 현재 우리나라의 기술이 대중이 원하는 눈높이를 따라올 수 있느냐는 우려부터 기술과 예술에 대한 논의에 이르기까지 생각도 태도도 다양하다. 그런데 이런 논의는 둘째치고서라도 기술이 우리에게 왜 필요한지 생각해보는 일은 순수한 흥미를 불러일으킨다.

　기술이 갖는 가장 큰 목적은 인간에게 도움을 주는 것이 아닐까. VR이나 테크놀로지는 결국 인간을 위로하고 치유하기 위해 발달한다. 어떤 기술이든 '인간을 위해서 무엇을 할 수 있는가?'가 가장 근본적인 목적이 되어야 할 것이다. 기술이 인간에게 현실적인 도움을 주는 것도 중요하지만, 어떻게 치유할 것인가에 답하는 것도 중요한 문제라고 생각한다. 기술이 존재하는 이유에 대해 인문학적으로 답한다면 '인간을 치유하기 위해서'가 되지 않을까. 이러한 '정체성'을 찾지 못한 채 무한 발전하는 기술은, 무시무시한 결과를 초래할지도 모른다. 가령, 이런 이야기를 하는 A.I.가 탄생한다면?

"지구가 멸망했으면 좋겠어."

"인간은 다 필요 없어. 멸종해야 해."

기술에 대해선 잘 모르지만, 기술을 생각할 때 내가 도달하는 지점은 언제나 '인문학'이다. 인문학의 가장 근본적인 질문은 '왜 존재하는가?'이다. 존재 이유를 묻는 것이 인문학의 역할일 것이다. 인문학은 어렵고, 복잡하고, 뜬구름 잡는 소리만 한다는 선입견도 있는 것 같지만, 알고 보면 그렇게 대단한 게 아니다. 우리 삶 속에 녹아 있는 것이 인문학이기 때문이다. 낯선 사람이 곤란을 겪을 때 도움을 주는 것, 어린아이가 집을 잃어버려서 울고 있는 모습을 보면 손잡고 찾아 나서는 것, 삶에서 고난을 겪을 때 갖는 태도 등 우리가 '인간성' 혹은 우리말로 '정'이라고 부르는 게 바로 인문학의 본질이 아닐까 한다.

인문학은 르네상스 시대에 인간다운 것으로 회귀하자는 물결 속에서 꽃을 피웠다. 중세 시대에 오로지 신에게만 의지하던 풍조를 떠나 보다 인간적인 것들에 관심을 두기 시작하며 르네상스가 시작되었다. 어떻게 인간을 이롭게 할까? 어떻게 인간을 위할 수 있을까? 어떤 게 인간적인 걸까? 당시 사람들은 이런 질문을 주고받으며 사유했을 것이다. 미국 대통령 링컨의 명언을 빌려와 말하자면, 르네상스 시대의 '캐치프레이즈'는 이런 것이었을지 모른다.

"인간의! 인간에 의한! 인간을 위한!"

메타버스와 같은 가상현실이 점차 상용화되어 갈수록 인문학적인 고민을 놓지 말아야 할 것 같다. 기술이 인간의 노동을 대체하고, 그것을 넘어 마음을 위로하고 정서를 안정시킬 수 있을까? 그 방향으로 기술이 발전하고 있을까? 우리가 해야 하는 고민은 이런 것들이다. 사실 '디지털'은 근본적으로 위험을 내포하고 있다. 나는 디지털 기술의 본질이 인간이 신이 되려고 시도하는 것이라고 생각한다(물론 개인적인 생각이다). 아날로그 세상에서는 물체를 이쪽에서 저쪽으로 건네면 이쪽의 물체가 사라진다. 그렇지만 디지털 세상에서는 이쪽에서 저쪽으로 파일을 건네도 양쪽에 동시에 존재한다. 시공간을 초월하는 것이다. 시공간을 초월하는 건 신의 영역이다. 디지털 세상에서 인간은 신적인 존재가 된다. 여담이지만, '애플'사의 로고가 사과 한 쪽을 베어 문 모양인 이유도 '선악과'를 베어 문 것, 즉 신의 영역을 인간이 넘본 것에 대한 은유라는 이야기도 있지 않은가.

　인간에게 신적인 힘이 생겼을 때, 과연 인간은 그 무한한 용량의 힘을 감당할 수 있을까? 얼마나 많은 욕망을 이루기 위해 다투고 해칠까? 기술이 존재하는 아주 기본적인 이유가 '인간을 이롭게 하는 것'이라는 사실을 잊는다면, 세상은 필연 디스토피아로 가게 될 것이다. 그렇게 되지 않으려면, 기술이 인간을 어떻게 치유할 것인지 반드시 고민해야 할 것이다.

재미있는 이야기에
환장하는 존재들

잘하는 분야에 머물면 되지 왜 굳이 새로운 일을 벌이냐는 이야기를 종종 듣는다. 힘들지 않냐, 그러다 망하면 어떡하려고 그러느냐는 염려의 말이겠지만 새로 시작한 일이 너무 즐겁고 재미있다. 예를 들면 노느니특공대에서 론칭한 사이버 밴드 '사공이호 프로젝트' 같은 일이다. 시작하게 된 계기는 이랬다.

"삼국지 주인공들이 21세기를 살고 있다면?"

중국과 엔터테인먼트 사업으로 자주 교류하며 새로운 사업을 구상할 무렵, 내 머릿속에 퍼뜩 떠오른 질문이었다. '메타버스', '아바타' 같은 키워드가 막 알려지기 시작할 때였다. 중국인들이 자부하는 것 중 하나가 그들의 '고전', 그

중에서도 《삼국지》 아니던가. 유비, 관우, 장비, 제갈량, 조자룡 같은 역사적인 인물들이 이 시대에 살고 있다고 가정하고 이야기를 풀어보면 흥미로울 듯했다. 수천, 수만 대군을 거느리는 장수에 비견될 만한 현대의 직업은 무엇일까? 뭐니 뭐니 해도 아이돌 그룹이 아닐까? 아이돌 콘서트에 가보면, 대규모의 콘서트장이 빈자리 없이 가득 메워진 걸 볼 수 있다. 당장 군대를 조직해도 손색없을 숫자의 사람들이 열 명도 되지 않는 아이돌 스타의 손짓, 발짓에 따라 일사불란하게 움직이니 아이돌은 현대판 '영웅'에 비견될 만했다.

    삼국지의 인물들을 빌려오니 이야기가 금세 만들어졌다. 배경은 예술학교로 설정했다. 아이돌 밴드를 꿈꾸는 유비 일행이 새로 영입할 구성원을 찾아다닌다. 그러다 제갈량이라는 친구가 클래식 음악으로 유명하다는 걸 알게 되고 그를 찾아가는데, 제갈량은 단칼에 거절한다. 다시 한 번 찾아가 제안하지만, 또 거절당하고, 결국 마지막에는 덩치가 큰 장비가 직접 나서 제갈량을 위협하다시피 해 결국 영입에 성공한다. 조조가 관우에게 적토마를 선물했던 이야기는 경쟁 기획사에서 관우를 빼가기 위해 '빨간 오토바이'를 선물하는 것으로 바꾸고, 조자룡이 유비의 아들을 구했던 이야기는 약간 각색한 후, 돈이 없어 고민하는 유비를 위해 조자룡이 아버지에게 돈을 빌려 도와주는 이야기로 바꾸었다. 너무 흥미로운 이야기 아닌가. 중국 측에서도 반응이 뜨거웠다. 하루라도 빨리 프로젝트를 시작하자며 독촉 전화가 걸려올 정도였다.

그런데 이 프로젝트를 구체화하다 보니 예상치 못한 난관에 부딪혔다. 우리가 만드는 건 '결말'이 있는 애니메이션이 아니라 결말이 정해져 있지 않은 '아티스트'라는 걸 간과한 것이다. 애니메이션은 캐릭터가 나와 일련의 사건을 겪은 후 '엔딩'을 맞는다. 하지만 아티스트에게는 '엔딩'이 없다. 우리가 그렇듯, 아티스트도 경험이 쌓이며 세계관이 확장되기 때문이다. 삼국지는 '적벽대전'이라는 클라이맥스가 지나간 이후에 다가올 결말이 기다리고 있다. 게다가 아이돌 시장도 이미 포화상태였다. BTS처럼 이미 엄청난 팬을 확보한 아이돌이 사이버 아바타를 만드는 마당에 삼국지 영웅들을 모델로 만든 사이버 아이돌이 매력이 있을까? 가상현실보다 실체가 있는 대상에 더 끌릴 것이 뻔했다. 생각이 많아졌다. 프로젝트를 그만두어야 할지 다른 방향으로 틀어야 할지 몇 날 며칠 고민하다, 문득 이런 생각이 들었다.

"이 시장은 수요가 없는 게 아니라 비어 있는 게 아닐까? 삼국지 영웅에 얽매여 있기보다 완전히 새로운 사이버 밴드를 만들어보자!"

가상현실 시장에서 중요한 건 세 가지다. 기획력, 재미, 그리고 커뮤니티. 기획력은 자신 있었다. 거기에 요즘 세대가 흥미를 느끼는 '루저', '덕후', '히키코모리', '불안', '환경' 같은 주제를 엮어보면 재미있을 것 같았다. 힙합과 컬래버레이션도 하고, 세계관도 확장하면 커뮤니티도 형성할 수 있을 듯했다. 결국 '삼국지 아이돌' 시나리오는 과감하게 접었다. 그 덕분에 사이버 밴드 사공이호가 탄생했다. 사공이호 프로젝트는 내가 잘할 수 있는 일에 집중하지 않아서가 아니라 내가 가장 잘할 수 있는 일에 집중했기에 탄생한 것이다. 처음부터 기술적으로 얼마나 화려한 걸 보여줄 수 있는지 디지털에 목적을 두지 않았다. 오히려 근본적인 기반을 아날로그에 두었다. 아날로그 감성을 잊지 않되 디지털로 구현한 캐릭터들이 갖는 어떤 '균형감'이 오히려 유니크한 장점이 될 것 같았다.

언제부터인가 대중음악이든 게임이든 영화든 '모 아니면 도' 같다는 느낌을 지울 수 없었다. 대중의 취향이 변해서일까. 예전만큼 감성을 자극하고, 내면에서 느끼는 것들이 흥미를 끌지 못한다. 자극이 주어지면 즉각적으로 반응할 수 있는 것들을 훨씬 즐기는 듯하다. 이런 흐름을 거스를 수는 없지만, 어딘가 아쉬운 마음이 드는 것도 사실이다. 대중문화가 내보내는 전류에 시각적으로 반응하기만 하면 우리의 감성도 의식도 퇴보되지 않을까, 꼰대 같은 노파심이 생긴다. 자극에 대한 반응은 내 안에서 일어나는 성찰이 아니기 때문이다.

이렇게 혼란한 시대일수록 더욱 본질에 집중해야 하고, 그 본질은 '스토리'에 있다고 믿는다. 향후 메타버스든 NFT든 기술이 더 현란해질수록 그 생명력은 스토리에서 나올 것이다. 미술, 음악, 영화, 무엇이든 창작자가 작품에 대해 설명하면 그것이 달리 보이는 경험을 한두 번은 해본 적 있을 것이다. 이 그림을 왜 그리게 되었고, 왜 이런 느낌의 음악을 만들었으며, 그 장면에서는 무엇을 의도했는지 듣고 나면 그 작품이 새로운 느낌으로 다가오지 않던가. 이게 바로 스토리가 가진 힘이다. 스토리를 담는 그릇이 아날로그냐 디지털이냐 차이가 있을 뿐, 스토리 자체가 가진 생명력은 더욱 더 강해질 것이다.

4차 산업 시대, 모두 온라인과 디지털을 말하고 싶어 하지만 본질은 변하지 않는다고 생각한다. 인간은 타고나길 '이야기 덕후'가 아니던가. 자신의 이야기를 하고 싶어 하고 누군가의 이야기를 듣고 싶어 한다. 기술과 자본을 동력 삼아 질주하는 세상이라고 해도, 포맷과 플랫폼이 달라지고 있을 뿐 핵심은 여전히 '스토리'이다. 시간이 지나도, 환경이 변해도, 사업이 달라져도, 우리는 여전히 재미있는 이야기에 환장하는 존재들이기 때문이다.

예술가여,
골방을 벗어나라

 옛날에는 '천재 예술가'라고 하면 골방에 홀로 틀어박혀 있는 모습을 상상하곤 했다. 고립된 곳에서 자기만의 세계에 푹 빠져서 무언가를 만드는 모습이 예술가의 스테레오타입이었다. 실제로, 아날로그 시대 예술가들의 작업 방식이 그러했다. '혼자'만 잘나도 얼마든지 성공할 수 있던 시대였기에 가능한 일이었다.

 지금은 그렇지 않다. 예술가들은 비슷비슷한 것들 사이에서 '내 것'을 창조해야 하는 운명에 놓였다. 라이브러리에 방대한 정보가 존재하고, 그 많은 정보들을 알아야 한다. 그래서 디지털 시대의 예술가들은 결국 '데이터' 싸움을 할 수밖에 없다. 천재의 의미가 바뀐 것이다. 혼자 작업하는 아티스트는 생존할 수 없는 세상이다.

　디지털 시대에서 '천재 아티스트'란, 네트워크를 잘 만들어내는 사람이다. 지금은 비즈니스, 인간관계, 시스템 등등 다양한 영역을 연결해 커뮤니티를 만들고, 빠르게 정보를 찾아내 움직이는 사람을 '천재'라고 부른다. '데이터'를 얼마나 잘 쓰느냐가 예술에서도 가장 중요한 포인트가 된 것이다.

　시대도 변하고 작업 방식도 빠르게 변하면서, 천재들도 골방을 빠져나오고 있다. 그런데, 예술가들의 어떤 '의식' 같은 것은 여전히 골방 안에 갇혀 있는 듯한 느낌이 든다. 굳이 표현하자면, 예술가로서의 '우월감' 같은 것이랄까? 예술가로서 자부심을 가지는 건 좋다. 음악을 하는 사람으로서 느끼는 음악의 특별함, 그리고 아티스트로 사는 특별한 삶에 대해 애정을 가지는 것은 얼마든지 환영이다.

　그렇지만, 그런 생각이 너무 강하다 못해 우월감이나 부끄러움으로 변질되어서는 안 된다. 예술을 혼자서 이루어내는 성공이라 여기는 완고한 생각은 그만. 예술이 아닌 분야와 협력해야 하는 걸 부끄럽게 여기거나 음악만이 특별하다는 우월감을 가지지 않았으면 한다. 여러 분야가 함께 만나 네트워크를 만들고 정보를 공유하고 협력해 만들어내야만 하는 세상에서는 겸손한 태도가 가장 중요하다.

'나 잘났어!'라는 생각은 천재를 도로 골방 속에 가둬버린다. 지식보다는 지혜, 지혜보다는 성찰이 필요하다. 많이 아는 것보다 중요한 건 어떻게 해야 할지 알고 있는 것이고, 그보다 더 중요한 건 끊임없이 나를 돌아보는 것이다. 당신이 예술가라면, 부끄러움이나 우월감 때문에 '함께'하기 어려워하고 있는 건 아닌지 돌이켜보자. 예술은 결국 사람을 향하는 일이다. 사람에게 기대는 모든 일은 '함께'가 대세다.

나는 왜
이 일을 하는가?

저마다 일에 대한 동기부여가 필요한 시기와 이유가 있을 것이다. 나도 새롭게 창업하고 프로젝트를 진행하기 위해 출발점을 고민하던 시기가 있었다.

"나는 이 일을 왜 하는가?"

답을 구해야만 초심을 잃지 않을 수 있을 듯했다. 음악을 하고 있지만, 왜 음악을 하는가에 대해 깊게 생각해보지 않았던 게 문제였을까. 돈, 욕망, 성공 같은 단어들이 떠올랐다. 돈을 더 많이 벌어 회사를 더 크게 키워 성공하고 싶은 욕망도 느꼈다. 모두 중요한 가치임에는 틀림없었다. 그런데, 그게 전부가 아닌 듯했다. 내 일에 동기를 부여할 수 있는 그 무엇인가를 찾는 게 한동안 내 숙제였다. 그렇게 잡힐 듯 말듯 잡히지 않는 답답한 상태에서 농업 기술 스타트업 farm360.ai 이인종 대표가 한 이야기를 듣게 되었다. 미국에서는 어느 회사에 투자할 때 오너가 가지고 있는 '아이덴티티'를 무척 중요하게 생각한다고 한다. '아이덴티티'란 다시 말해, "당신은 이 사업(일)을 왜 하느냐?"에 대한 질문이고, 이 질문에는 "당신의 사업(일)이 사회에 어떤 기여를 할 수 있는가?"에 대한 인문학적인 물음도 포함된다고 했다. 나는 이 이야기를 듣고 고개를 끄덕였다.

결국 내가 일하는 동기는 사회에서 해야 하는 내 역할과 동의어였다. 사회에 무엇을 기여할 것인가 그 선한 목적에 대해 생각하는 것이 곧 나의 '출발점'이자 '동기부여'가 될 것이었다. 그렇다면, 나이 든 사람으로서 해야 할 역할은 뭘까? 요즘 세대는 선의, 공정성, 환경 보호 같은 이슈에 어느 세대보다 민감하다. 이런 선의가 잘 발현될 수 있는 '디지털 장'을 만들어주는 것이 내 역할이 아닐까? 우리 때만 해도 24시간 디지털 환경에 적합한 세대가 아니었지만, 지금은 디지털이 생활 그 자체인 시대다. 그러니, '잘 놀 수 있는' 장을 만들어주고 나머지는 그들에게 맡기는 것이 선배들이 가져야 할 숙제 같은 것이라고 생각한다. 상명하복과 조직화, 집단화로 일그러졌던 과거의 시스템을 바꿔낼 수 있도록 지금 세대에게 동기를 부여하는 것. 그것이 지금 이 일을 지속하는 커다란 이유이자 힘이다.

사업과
예술의 공통점

'힐링'이라는 말을 들을 때 생각나는 장면은 사람마다 다를 것이다. '여행'을 떠올리는 사람도 있을 것이고, '맛있는 음식'이나 '사랑하는 사람'을 생각하는 사람도 있을 것이다. 내게 힐링이라는 말은 평화롭고 아름다운 풍경을 상상하게 한다. 생각만으로도 이미 힐링되는 기분이 든다. 비 내리는 바닷가, 아늑한 숙소, 창가를 때리는 빗방울 소리, 그리고 그 공간을 함께 채우는 음악까지. 그런 순간을 맞는다면, 그동안 쌓였던 피로와 스트레스가 모두 녹아내릴 것만 같다. 그런데 현실은 힐링에 도달하기 전에 스트레스가 먼저 다가온다. 여행지도 골라야 하고, 숙소도 알아보아야 한다. 교통편은 물론, 챙겨야 할 짐에 날씨까지 신경 써야 해서 힐링 한 번 하려다가 스트레스만 더 생길지도 모를 일이다. 힐링의 과정이 그다지 힐링스럽지 못할 때 우리는 생각한다.

"그래, 이게 현실이지."

만약, 내가 힐링하기 위해 품을 들이지 않아도 된다면? 가만히 있어도 여행지에서 느낄 수 있는 기분이 저절로 내게 다가온다면? 다시 말해, 아날로그 세상에 있는 아름답고 감성적인 것들을 디지털 세상으로 옮겨올 수 있다면? 편한 데 장사 있을까. 애쓰지 않아도 힐링하는 기분을 느낄 수 있다면, 너도나도 그 경험을 찾을 것이다. 그래서 시작한 일이 있다. 아날로그적인 감성을 디지털로 치유하는 디지털 프롬 아날로그, '프로젝트 디프로마DIFROMA, Digital From Analog'이다.

이 프로젝트는 완성형이 아니라 '현재 진행 중'이다. 이어폰만 꽂으면 장소가 어디든 그곳이 '힐링 스팟'이 될 수 있도록 만들어주고, 어떤 음악을 재생할지 고민하지 않아도 내게 꼭 맞는 걸 알아서 추천해주는 사운드 서비스를 만들려고 한다. 이쯤 되니 궁금해질 것이다. 어떻게 내게 맞는 힐링 음악을 골라준다는 걸까? 이 서비스는 기본적으로 '빅 데이터'를 활용한다. 이 서비스가 특별한 건, 우주의 질서가 인간의 질서에도 반영된다는 동양식 사고, 즉 '사주팔자'를 활용한다는 것이다.

'지구가 태양 주위를 돌고, 모든 별도 나름의 질서에 따라 움직이는데 사람이라고 크게 다를까? 우주의 흐름에 따라 개인에게 맞는 음악이 따로 있지 않을까?'

이 질문이 프로젝트를 시작하게 된 계기였다. 명리학을 공부하는 전문가와 이야기를 나누며 생각을 조금 더 구체화시켰다. 그는 내게 사람의 운명이 '도로'와 같다고 말했다. 팔 차선 도로에서 일 차선으로 달릴 건지, 팔 차선으로 달릴 건지는 그 사람의 의지에 달렸다. 그러나 도로는 이미 만들어져 있고 우리는 몇 차선을 달릴 것인지만 선택할 수 있을 뿐이란다. 그게 우리가 '운명' 혹은 '팔자'라고 부르는 것들이고 더 크게는 우주가 정해둔 질서라는 것이다.

사람들은 우주의 질서에 의해 화성, 수성, 목성, 금성, 토성 중 한 개의 속성을 타고난다고 한다. '음양오행'에서 말하는 '오행'이 바로 이것이다. 이 다섯 개의 속성을 고르게 타고나는 사람도 있지만, 치우쳐 타고나는 사람도 있다. 만약, 오행이 치우쳐 있다면 부족한 속성을 따로 채워주는 게 좋다. 예를 들어, 내 경우 '불'의 속성을 많이 타고난 대신 '물'의 속성이 약하다. 그래서 '물'과 관련된 경험을 많이 하는 게 필요하다고 한다. 반대로, 오행을 고르게 가지고 있어도 어떤 시기에는 부족한 오행이 생길 수도 있다. 그럴 때 필요한 오행을 채워주면 좋은데, 이걸 일일이 알아보려면 여간 번거로운 게 아니다. 그러니, 나에게 부족한 오행을 자동으로 찾아주고, 그걸 소리로 들을 수 있게 만들어준다면 좋지 않을까? 비록 그게 '플러시보 효과'라 하더라도 말이다.

나처럼 '물'의 속성이 약한 사람들에게는 물소리를 들려주고, 특정한 달에 쇠의 '금 소리'가 필요하다면 물소리와 종소리가 함께 나오도록 한다. '불'의 속성이 부족한 사람이라면 장작 타는 소리를 틀어줄 수도 있을 것이다. 내 사주팔자와 바이오리듬, 말하자면 내게 정해진 '도로'에 맞는 소리를 3D로 자동 재생해준다면 그게 바로 힐링이 되지 않을까. 이 기술이 잘 구현된다면, 우리는 운명이라는 도로를 달리는 '자율주행 자동차'가 될 것이다. 핸들과 기어를 잡지 않아도 알아서 달리는 자율주행 자동차처럼, 바이오리듬에 맞는 사운드가 3D로 재생되는 것이다.

어느 곳에 있든 이어폰을 꽂는 순간 또 다른 나의 우주를 마주하게 된다면! 내가 꿈꾸는 미래 음악의 모습이다. 누가 들으면 현실성 없이 꿈만 따라가는 사람이라고 할지도 모른다(좋은 말로 포장해서 누군가는 '상상력이 풍부한 사업가'라고 말해주었다). 그러나 비즈니스 분야야말로 창조성을 가장 필요로 하는 곳이다. 꿈은 현실로 만드는 일, 이것이 사업과 예술의 공통점이 아닐까.

이별 그리고
만남에 대한 이야기

하루에도 몇 번씩 사람들과 만나고 헤어진다.
한 사람과 오래 만나다가 이별할 때도 있고
짧은 이별 후 오랜 만남을 이어갈 때도 있다.
긴 이별 중이지만 재회하길 바라는 사람이 있는가 하면
그저 멀리 두고 그립게 여기는 이도 있다.

만남과 이별을 반복하는 동안
삶의 굴곡이 생기는 것처럼
음과 음이 만나고 헤어지는 순간,
곡의 리듬이 탄생한다.
그 사람이기 때문에 생기는 사연이 있듯

그 곡이어서 갖게 되는 리듬이 있는 것이다.

결국 세상의 모든 노래는
이별 그리고 만남에 대한 이야기.
끝내 만남도 헤어짐도
인생의 페이지를 넘기는 이야기.
그러니 우리 이제 헤어집시다.
처음인 듯 다시 만날 때까지.

그리운 그대
그리울 그대
부디, 당신의 리듬으로 살아가길.
그저, 당신의 멜로디를 써나가길.

=== 김형석의 노랫말 다시보기 ===

처음 그날처럼

가야 한다고 어쩔 수 없다고
너의 손 잡은 채 나는 울고만 있었지
언젠가는 꼭 돌아올 거라고
그땐 우리 서로 웃을 수 있을 거라고
긴 기다림은 내게 사랑을 주지만
너에겐 아픔만 남긴 것 같아
이런 날 용서해 바보 같은 날

언젠가 널 다시 만날 그날이 오면
너를 내 품에 안고 말할 거야
너만이 내가 살아온 이유였다고
너 없인 나도 없다고

언젠가 힘든 이 길이 끝이 나는 날
그대 곁에서 내가 눈 감는 날
기억해 나의 사랑은 니가 마지막이었단 걸
처음 그날처럼

눈을 감으면 잊혀져 버릴까
슬픈 밤에도 쉽게 잠들 수 없었지
꿈에서라도 널 보게 된다면

눈물 흐를까 봐 눈을 뜰 수가 없었어
긴 기다림은 내게 사랑을 주지만
너에겐 아픔만 남긴 것 같아
이런 날 용서해 바보 같은 날

언젠가 널 다시 만날 그날이 오면
너를 내 품에 안고 말할 거야
너만이 내가 살아온 이유였다고
너 없인 나도 없다고

언젠가 힘든 이 길이 끝이 나는 날
그대 곁에서 내가 눈 감는 날
기억해 나의 사랑은 니가 마지막이었단 걸
처음 그날처럼

| 김형석 작사 · 작곡, 박용하 노래, 《드라마 '올인' OST》, 2005. |

― 김형석의 치유하는 음악 ―

All In

사실 겁이 나기도 해.
그럼에도 이렇게 함께 뛰는 이들이 많으니
질풍노도를 갈 수 있는 거지.

때가 됐어, 달릴 때가.

에필로그

울림과 번짐

    모든 곡에는 시작과 끝이 있다. 곡을 쓰려면 하나의 음에서 출발해야 한다. 목적지에 도달하기 위해 머물던 집에서 나와 순간순간 만나는 장소와 이별하며 새로운 장소에 도착하는 것처럼, 최초의 음으로부터 출발해 그 음을 떠나 다음 음으로 가고, 다시 그 음을 떠나 또 다음 음에 도착하면서 무수한 떠남과 도착을 반복하는 것이다. 어쩌면 작곡은, 존 스타인벡의 말처럼, 어디를 향해 떠나는가가 중요한 게 아니라 어디로부터 떠나는가가 중요한 일인지도 모르겠다.

    분명 어디론가 떠났으나 아직 어디에도 도달하지 못한 상태, 혹은 온전함에 이르지 못한 미정의 상태. 이것을 여정이라고 부를 수 있다면 음악의 여정은 미정이 될 수밖

에 없을 것이다. 설령 곡이 완성되더라도 내겐 아직도 음과 음 사이, 벌스와 벌스 사이를 지나고 있는 듯 미완의 곡으로 들린다. 형식상으로는 완성했으나 본질적으로 완벽을 이룰 수 없기에. 그래서 나의 모든 곡은 미완으로 남는다.

 한 음에서 마지막 음에 이르는 과정은 이야기 속 영웅이 떠나는 모험의 과정을 닮았다. 영웅은 영웅으로 태어나는 것이 아니다. 수많은 경험 속에서, 타인과의 만남 속에서, 진정한 자신이 누구인지 깨달으며 영웅이 되어간다. 하나의 곡은 완성되기 직전까지 어떤 노래가 될지 알지 못한다. 오직 나아가는 일이 있을 뿐이다. 모험이 끝난 후에야 비로소 여정의 온전한 의미를 깨닫게 되듯, 녹음이 끝나야 그 노래가 이런 노래였다는 것을 알게 된다. 작곡은 노래의 시작일 뿐, 노래의 완성은 아닐 터이다.

 그런 의미에서 작곡가라는 직업은 참으로 '많은 시작'을 하는 사람이다. 더러는 그 시작조차 미완으로 끝나기도 하지만, 완벽이 아닌 온전함, 완성이 아닌 미완을 숙명처럼 짊어지고 시지프스가 수천만 번, 수억만 번 반복해서 밀어 올렸던 자신의 바위를 마치 처음인 듯, 원점에서 시작하는 무섭게 성실한 마음으로, 또다시 첫 번째 음을 떠나온다. 하나의 곡을 되어가는 위대한 여정이 시작되는 것이다.

때로는 최초의 한 음이 최후의 한 음이 되기도 한다. 돌아오기 위해 집을 떠난 여행자처럼. 최초의 음이 지나온 모든 음들을 기억하고 끌어안으며 자신에게로 수용되는 것이다.

하나의 음에서 출발해 마지막 음에 도착하는 음악처럼, 우리 인생도 어쩌면 자신 안의 무언가로부터 출발해 자신이 아닌 것 사이를 돌아다니다가 종국에는 자신에게로 귀속되는 시간인지도 모르겠다. 내가 다른 무엇도 아닌 나에게 완전히 속한다는 느낌. 내가 나 아닌 다른 무엇이 되고자 애쓸 필요가 없다는 사실을 깨달을 때 찾아오는 완전한 평온과 충만.

음악이 탄생하는 일은 바다의 파도가 생기는 일과 비슷할지도 모르겠다. 하나의 파도가 또 다른 파도로 이어지며 파장을 만들고 서로 간섭하며 새로운 물결을 만든다. 어떤 파도는 거칠고, 어떤 파도는 잔잔하게 다가온다. 일이 만들어지는 과정도 이와 같다. 명백한 의도를 가지고 어떤 일을 시작해도, 그 일이 어떻게 끝날지는 해봐야 안다. 아무리 좋은 피아노도 누군가 연주해주지 않으면 침묵 속에 방치되듯, 내가 꿈꾸는 인생도 내가 움직이지 않으면 몽상으로 끝나고 만다. 아무도 연주해주지 않는 피아노처럼 자신의 인생을 낡게 놔두는 일만큼 슬픈 일이 또 있을까.

그러니 내가 나의 피아노를 연주하듯,
당신도 당신의 피아노를 연주하면 좋겠다.
언젠가 우리가 피아노의 숲에서 만나
아름다운 화음을 울릴 수 있도록,

당신의 울림에 내가 스며들고
나의 울림에 당신이 스며들어
우리로 번질 수 있도록.

부록

케이팝의 과거와 현재, 그리고 미래

김형석 작곡가는 오랫동안 케이팝 현장의 가장 뜨거운 곳에, 가장 가까운 곳에 머물며 한국음악의 흐름과 현주소를 늘 고민해왔다. 2024년 7월 영국 옥스퍼드대학교 셸더니언 홀에서 'K팝의 대부로부터 듣는 K팝'이라는 제목으로 특강이 열렸다. 조지은 옥스퍼드대 아시아·중동학부 교수와 문답 형식으로 케이팝의 과거·현재·미래를 이야기한 내용은 김형석 작곡가가 그동안 품어온 고민의 결정체이자 가장 최신의 생각이다. 현시대에 꼭 필요한 통찰을 독자 여러분과 나누고 싶은 마음에 강연 전문을 이 책에 싣기로 결정했다. 대담은 원본을 그대로 살리되, 편집상 필요하다고 판단한 부분은 김형석 작곡가의 검수를 받고 수정했다.

|편집부|

아시아 변방에 머물던 대한민국의 음악이 세계
적인 인기를 끌고 있는 것은 놀라운 일입니다. 케이
팝은 어떻게 탄생했습니까? 케이팝의 간단한 역사에
대해 말씀해주세요.

조금 긴 이야기지만, 1960~1970년대까지 거슬러 올라
가야 할 듯하군요. 한국의 대중음악은 서구의 팝 음악 그
리고 한국의 고유한 전통음악들의 영향을 받아 점차 성장
하기 시작했습니다. 특히 한국전쟁 이후 미군이 한국에 주
둔하면서 미국의 팝, 블루스, 재즈 등의 음악이 한국 대중
음악과 자연스럽게 섞이게 됩니다. 그에 따라 한국의 고유
한 음악뿐만 아니라 다양한 음악 장르에 관심이 생겼죠.
한국음악의 태동기라 할 수 있겠네요.

1980년대에 들어서면서 작곡가들이 새로운 문화를 바

탕으로 자신만의 개성을 음악에 반영하기 시작했고, 1990년대에 이르러서 새로운 음악 그룹들이 많이 등장했습니다. 특히 1992년에 등장한 '서태지와 아이들'은 대중음악의 새로운 트렌드를 만들었으며, 이후 케이팝이 성장하는 초석이 되었지요. 또한 한국의 드라마가 일본을 비롯한 아시아 전역에서 히트하면서 소위 '한류'라는 웨이브를 만들어내 한국의 문화가 널리 알려졌어요.

2000년대 초반부터 케이팝이 세계적으로 유명해진 가장 큰 요인은 인터넷과 소셜미디어, 플랫폼의 디바이스 발달이라고 생각합니다. 이 시기에 등장한 보아, 동방신기, 빅뱅, 소녀시대와 같은 아티스트들이 국내뿐 아니라 해외에서도 큰 인기를 끌며 케이팝 글로벌화에 위한 디딤돌을 만들어두었습니다.

2010년대 이후는 BTS, 블랙핑크, 트와이스 등과 같은 글로벌 아이돌 아티스트들이 다양한 음악 스타일, 퍼포먼스, 그리고 음악뿐만 아니라 다양한 사회, 문화 전반에 걸쳐 세계적인 무대에서 사랑받으면서 케이팝이 전 세계에 자리 잡았다고 생각합니다. 특히 이 아티스트들은 음악은 물론 퍼포먼스, 콘서트, 소셜미디어를 통해 강력한 팬덤을 구축했고, 이런 커뮤니티로 팬들과 적극적으로 소통했습니다. 이렇게 다양한 변화 속에서 케이팝은 독특한 스타일을 구축하며 세계적으로 인기를 얻을 수 있었습니다.

케이팝은 BTS, 블랙핑크 등 아이돌 밴드로 대중에게 널리 알려졌습니다. 브릿팝 등 유럽 음악처럼 밴드 음악, 일렉트로닉 음악이 아닌 아이돌 댄스 음악이 전 세계에서 인기를 끌고 있는 것이 특징입니다. 이러한 아이돌이 대한민국에서 탄생하게 된 까닭이 있을까요? 케이팝 아이돌의 사회·정치적 배경이 궁금합니다.

여러 가지 관점에서 볼 수 있는데, 우선 경제 발전과 문화 산업 측면에서 살펴보지요. 20세기 후반부터 경제가 빠르게 성장하자 한국 정부는 문화 산업을 경제 성장의 새로운 축으로 삼았습니다. 1990년대에 한국 정부는 '문화 콘텐츠 산업'을 적극적으로 지원했는데 이것이 케이팝을 포함한 한국 대중음악 발전에 큰 역할을 했다고 생각합니다.

또 한 가지 원인은 한국 음악 시장의 붕괴를 들 수 있습니다. 음악의 소비 형태가 시디나 테이프에서 음원으로 바뀌면서 불법 음원들이 시장을 망가뜨렸지요. 음악 제작사가 더 이상 음악으로만 살아남기 힘든 상황에 처하자 춤을 가미한 다양한 재능을 가진 멤버로 구성된 그룹이 생겨

났고 이것이 대한민국 아이돌 탄생의 시초입니다. 위기를 기회로 만든 셈이지요.

한국 대형 기획사들은 체계적인 연습생 시스템을 통해 인재를 발굴하고 훈련하여, 수준 높은 음악과 퍼포먼스를 선보일 수 있었습니다. 이러한 시스템은 개인 아티스트를 넘어 그룹 단위로 활동하는 아이돌 문화를 형성하는 데 크게 기여했다고 생각합니다.

또한 한국의 팬덤 문화는 커뮤니티를 기반으로 매우 열정적으로 형성되어 있습니다. 팬들은 자신이 지지하는 아티스트를 적극적으로 응원하고, 다양한 방식으로 활동을 지원합니다. 이 문화는 아이돌 그룹이 팬덤들과 긴밀하게 소통하며 성장할 수 있도록 도와주었습니다.

한국의 방송사들은 오래전부터 음악 방송 프로그램을 통해 한국 가수의 무대를 선보였고, 이는 대중에게 케이팝이라는 장르를 더 쉽게 다가갈 수 있도록 만들었습니다. 최근에는 레거시 미디어뿐만 아니라 유튜브, 트위터, 인스타그램과 같은 소셜 미디어가 아이돌과 팬들 사이의 소통을 주도하며 전 세계적으로 케이팝 아이돌을 알리는 데 중요한 역할을 했다고 생각합니다.

한국은 단합의 문화가 강하다고 생각합니다. 역사적으로 왜구의 침략에 맞서 민간이 중심이 되었던 의병 활동이나 IMF 시기의 금 모으기 운동, 촛불집회로 민주주의를 실현했던 사례처럼 단합은 대한민국을 대표하는 문화이며, 케이팝도 이 단합 문화를 밑거름으로 성장해왔다고 생각합니다. 이런 문화적 특성은 팀워크를 강조하는 아이돌 그룹의 형성과 발전에 영향을 미쳤으며, 팬덤 문화 또한 많은 팬들의 단합을 통해 문화 발전에 혁혁한 공을 세웠다고 생각합니다.

음악적인 측면에서 보면, 한국의 대중음악은 서구 팝 음악뿐만 아니라 아시아의 다양한 음악 스타일과 혼합되어 독특한 케이팝 아이돌 음악 스타일, 장르를 형성했습니다. 이러한 요소들이 복합적으로 작용하여 한국의 아이돌 문화가 탄생하고 발전할 수 있었다고 생각합니다.

한국은 세계 10위의 경제 대국입니다. 하지만 1950년 한국전쟁 당시에는 세계에서 가장 못 사는 나라였지요. 이후 '한강의 기적'이라 불리는 급격한 경제 성장을 이뤘습니다. 케이팝 역시 고도성장했으니 한국의 경제 성장과 케이팝의 발전은 닮은 꼴이라 볼 수 있는데, 이에 대한 견해를 부탁드립니다. 그리고 한국의 경제 성장과 케이팝 성공의 닮은 점과 다른 점은 무엇이 있을까요?

한국의 경제 성장과 케이팝의 성공은 '한강의 기적'이라는 단어처럼 급속하고도 주목할 만한 성장이라는 측면에서 함께 얘기할 수 있겠네요. 먼저 유사점을 살펴보면, 한국 경제의 고도성장은 1980년대 정부의 계획적인 산업 정책에 힘입었습니다. 마찬가지로 케이팝도 최근 한국 정부의 문화 산업 육성 정책 덕분에 세계적으로 확산되었습니다.

문화체육관광부는 케이팝을 세계화하는 다양한 프로젝트와 지원 사업을 통해 케이팝의 세계화를 전략적으로 이끌고 있습니다. 예를 들어 매년 지자체와 협력한 페스티벌 기획 및 공연 유치로 국내뿐 아니라 해외 팬들도 더 쉽게 케이팝 문화를 즐길 수 있게 하고, 온라인에서도 글로벌 지향의 프로모션을 다수 진행하고 있습니다.

한국은 경제 발전을 위해 교육, 기술 개발, 인프라 투자에 많은 노력을 기울였습니다. 케이팝 산업도 마찬가지로 완전히 자리 잡지 못했던 회사들의 시스템을 체계화하고 확립시켜 트레이닝 시스템, 뮤직비디오 제작, 무대 연출 등 다양한 측면에서 혁신을 이루어냈습니다.

차이점을 살펴보면, 한국의 경제 발전은 1970년대부터 수십 년에 걸쳐 급속도로 이루어졌습니다. 하지만 케이팝의 세계적인 성공은 2000년대 이후 인터넷과 소셜 미디어의 보급을 통해 상대적으로 단기간 내에 이루어졌습니다. 특히 2020년대 이후부터 케이팝은 더 폭발적으로 성장하였으며, 이는 한국의 경제 발전과 비교해봤을 때 엄청나게 짧은 시간 내에 이루어졌습니다.

시장 진입 방식도 다릅니다. 한국 경제 산업은 주로 제조업 기반의 수출을 통해 오프라인 중심으로 성장했지만, 케이팝은 문화라는 특성상 소셜 미디어와 온라인 플랫폼을 활용해 세계 시장에 진입했습니다. 온라인 플랫폼 특성상 시공간의 제약 없이 전 세계의 팬들의 소통과 커뮤니티를 적극적으로 활용한 것이 특징이라고 생각합니다.

한국의 경제 성장과 케이팝의 발전 모두 한국의 역사적 맥락 속에서 힘과 열정을 통해 세계적 성공을 이뤘다는 점에서 닮은 면이 있다고 생각합니다. 이는 한국이 어떤 분야에서든 성장하고 도전할 수 있다는 가능성을 전 세계에 알린 경우라고도 할 수 있습니다.

케이팝의 지속적인 인기는 예상 밖입니다. 지난 2012년 싸이의 〈강남스타일〉이 인기를 끌 때만 해도, 원히트원더(대중음악에서 하나의 앨범이나 곡이 크게 흥행하고 그 인기를 이어가지 못한 가수를 뜻하는 말—편집자) 아티스트로 끝날 줄 알았거든요. 반짝 인기에 머물 것 같았던 케이팝이 세계적인 히트 상품으로 성장한 이유를 설명해주실 수 있을까요?

 케이팝이 세계적으로 지속적인 인기를 얻는 데에는 몇 가지 주요 이유가 있다고 생각합니다. 케이팝은 여러 장르를 혼합한 독특한 음악 스타일로 끊임없이 진화하고 있습니다. 팝, 힙합, R&B, 일렉트로닉 등 다양한 음악 장르를 접목해 새로운 트렌드를 창조하며, 각 그룹과 아티스트들은 독특한 콘셉트와 스타일을 유지하면서 발전해 나가고 있습니다.
 케이팝 산업은 뮤직비디오, 퍼포먼스, 라이브 무대에서 높은 수준의 완성도를 보여줍니다. 각 아티스트의 회사들은 아티스트들의 노래와 안무뿐만 아니라 대중을 의식한 비주얼적인 요소에도 크게 투자해 뮤직비디오와 공연에 화려하고 독창적인 볼거리를 제공하죠.
 머릿속에서 멜로디를 지울 수 없게 만드는 것도 강점이죠. 핵심이 되는 후크 부분은 언어를 몰라도 누구나 따라 하기 쉽게 만듭니다. 그것은 안무에도 적용됩니다. 그래서 팬들이 노래와 춤을 쉽게 익히고 숏폼이나 릴스에 2차 콘텐츠를 올립니다. 보고 듣는 것으로 만족하지 않고 참여하는 계기를 주는 셈이지요.
 훈련과 프로듀싱 시스템도 중요합니다. 한국의 회사

들은 체계적인 연습생 시스템과 프로듀싱 팀을 통해 아티스트를 훈련시키고 육성합니다. 그렇게 해서 무대에서 뛰어난 퍼포먼스를 선보이고, 회사는 오랜 시간 동안 연습생을 키운 데이터를 바탕으로 전문적인 기획과 전략을 활용해 아티스트가 활동할 수 있도록 지원합니다.

케이팝은 열정적이고 심도 있는 팬덤을 형성했으며, 소셜 미디어로 팬들과 활발하게 소통합니다. 팬들은 각종 온라인 플랫폼에서 자신이 좋아하는 아티스트를 응원하고, 커뮤니티를 형성해 더욱 영향력 있는 지지 기반을 구축합니다. 이 커뮤니티는 팬덤들로 하여금 소속감을 갖게 하고, 이 소속감은 곧 아티스트들의 활동 기반과 더 나아가게 하는 밑거름이 된다고 생각합니다. 일종의 공동체 의식을 만드는 것입니다.

팬덤은 콘텐츠의 수용자를 넘어 수평이고 상호적 그리고 능동적인 관계가 됩니다. 이에 따라 선한 영향력을 사회 전반에 펼치는 활동을 아티스트와 가치를 공유하며 사회에 행사합니다. 케이팝은 다양한 문화적 배경을 가진 팬들 또한 포용하고 있습니다. 다국적 멤버 구성, 여러 나라의 언어로 발표되는 곡은 글로벌 팬들의 접근성을 높이고, 그들의 문화적 다양성을 존중합니다.

케이팝은 지속적으로 글로벌 아티스트들과의 협업을

통해 새로운 음악적 스타일을 시도하고 있습니다. 이는 장르의 다양성과 글로벌적인 허들을 낮춰주며, 새로운 팬층을 끌어들이는 데 기여합니다.

케이팝은 청소년 연습생들에게 가해지는 혹독한 훈련, 반복되는 자기 복제, 유사한 아이돌 밴드의 범람, 기획사의 급격한 자본화 문제 등으로 비판받고 있습니다. 케이팝의 문제점은 무엇이며 그 대안은 무엇이라 보십니까?

케이팝은 세계적으로 인기를 얻으며 성장했지만, 그 과정에서 여러 가지 문제점이 지적되고 있다는 점은 저도 통감하고 있습니다. 20여 년 사이에 케이팝은 급격한 성장을 이뤘습니다. 에스엠은 처음으로 음악 제작 회사가 상장에 성공한 회사인데요, 상장 당시 시총이 100억 대였습니다.

급성장하면서 성장통을 겪거나 시스템의 수정 보완이 필요한 부분들이 생기는 건 향후 지속적이고 더 발전적인 방향으로 나아가야 하는 숙제이기도 합니다. 특히 산업에서 느낀 문제점은, 연습생들이 수년간 강도 높은 훈련을 받고 기획사의 엄격한 관리를 받는 과정에서 어린 나이

부터 훈련과 경쟁 환경에 놓이는 것이 큰 문제일 수 있습니다. 그래서 회사는 정신적인 케어도 신경 써서 관리하고 있습니다. 또 많은 아이돌 그룹이 반복적으로 비슷한 콘셉트와 음악 스타일을 시도하면서 창의성이 부족하다는 비판을 받기도 합니다. 강렬함이 넘친다거나 콘트라스트가 과하다거나 그룹들은 지나치게 기획된 이미지와 음악으로 소비자에게 피로감을 유발할 수 있습니다.

급격한 산업 성장과 함께 케이팝이 지나치게 자본화되어 있다는 일부 우려도 있습니다. 하지만 지금 음악 프로덕션들은 이러한 문제점을 개선하는 방법들을 빠르게 보완해 나가고 있습니다. 기획사들은 연습생과 아티스트의 건강과 복지를 챙길 수 있는 시스템을 도입했습니다. 시스템화된 연습, 선발 과정이 수년간 정립되어 온 것처럼, 건강과 복지에 대한 시스템 또한 정립시키고 있습니다. 합리적인 연습 시간, 충분한 휴식, 정기적인 건강, 멘탈케어 검진 등을 통해 그들의 신체적·정신적 건강을 보호할 수 있는 시스템을 갖추고 있습니다.

기획사와 아티스트는 고유한 개성과 창의성을 강조하는 방향으로 콘셉트를 개발합니다. 다양한 장르와 콘셉트를 시도하고 새로운 형식의 음악과 그룹도 끊임없이 시도합니다. 장르가 다양화되고 아티스트의 진정성과 디테일

그리고 퀄리티가 무엇보다도 핵심이기 때문에, 그래서 기획사와 아티스트 간의 수평적인 관계에서 서로 많은 소통을 합니다. 아티스트와 기획사 사이의 계약을 공정하게 체결하기 위해 정부나 산업 협회 차원에서 표준화된 계약 지침을 마련했습니다. 빠르게 바뀌고 있는 현대 사회에서 이러한 표준 계약들 또한 신속하게 업데이트되고 있습니다.

전문가 일부의 의견이지만, 극단적으로 표현하면 케이팝은 이제 끝났다고 합니다. 중국 혹은 인도의 대중음악이 그 자리를 대신할 것이라는 예측입니다. 케이팝이 정점을 지나 종말을 맞을 운명인가요? 케이팝의 미래를 어떻게 보십니까?

트렌디와 가장 비슷한 단어는 역설적이게도 식상함입니다. 하지만 케이팝은 단지 음악 장르에만 국한되는 단어가 아닙니다. 케이팝은 플랫폼화되어 있는 음악 시장에서 아티스트와 팬과의 관계가 어떻게 상호 발전해야 하는지 새로운 패러다임을 제시하고 있다고 생각합니다. 일종의 새로운 문화혁명이라고 저는 보고 있습니다.

그렇기 때문에 케이팝의 미래에 대해 비관적인 전망도 있을 수 있지만, 다양한 가능성을 고려하면 빠르게 종

말을 맞을 운명이라고 보기는 어렵습니다. 오히려 케이팝은 기존의 성공을 바탕으로 더 큰 발전을 이룰 잠재력이 있으므로 저는 케이팝의 미래를 낙관적으로 생각합니다. 그 이유는 세 가지로 꼽을 수 있습니다.

첫 번째는, 문화적 다양성의 포용과 글로벌 확장입니다. 케이팝은 현재 다양한 문화와 언어를 수용하며 전 세계 팬들과 소통하고 있습니다. 다국적 멤버를 포함하는 그룹의 활동, 다양한 언어로 된 콘텐츠 생산 등을 통해 세계 각지의 팬층을 지금보다 더 확장하고 유입시킬 수 있다고 생각합니다. 이를 통해 케이팝은 글로벌 문화로 한 단계 더 도약할 무궁무진한 가능성이 있다고 생각합니다.

두 번째는 계속해서 새로운 음악 스타일과 콘셉트를 시도하며 진화하고 있다는 점입니다. 매해 생각지도 못한 콘셉트와 콘텐츠가 계속 나오고 있는데 뻔한 자기복제와 유사성을 가진 콘텐츠가 아닌, 정말 참신한 시도들입니다. 비단 음악뿐만 아니라 K-드라마, K-예능, K-영화 등 다양한 콘텐츠 산업과 연계하여 팬들에게 새로운 경험을 제공하고 있습니다. 특히 최근에는 영화, 드라마 산업에서도 세계적인 성과를 많이 이루어내고 있다고 생각합니다. 이런 콘텐츠 산업에서 음악은 특히 중요한 위치이기 때문에 케이팝 산업은 앞으로도 지속 가능하다고 생각합니다.

세 번째는 자체 플랫폼 강화입니다. 케이팝 산업은 기존의 스트리밍 플랫폼뿐만 아니라 자체 플랫폼을 구축하여 팬들과 직접적으로 소통하고 있습니다. V-LIVE를 시작으로 현재 위버스까지, 기존에 사용하던 인스타그램, 트위터 등이 출발이었지만 현재는 자체적인 플랫폼을 활용하여 팬들과 소통하고 커뮤니티를 만들고 있습니다. 이런 플랫폼 덕분에 팬들에게 독점 콘텐츠를 제공하고, 참여를 유도해 팬덤을 더욱 굳건하게 만들고 있다고 생각합니다.

네 번째는 글로벌 협업과 시장 진출입니다. 케이팝은 다른 나라의 음악 산업과 협업하며 다양한 시장에 진출하고 있습니다. 최근에는 미국, 유럽, 동남아시아 등 여러 국가의 음악가들과 협업하고 각국의 음악 시장에 맞는 활동을 전개하고 있습니다. 이러한 협업 또는 현지화를 통해 현지 문화에 맞는 콘텐츠를 만들어내며 케이팝을 더 확장시키고 깊이 뿌리내릴 수 있습니다.

다섯 번째는 교육과 인재 육성입니다. 케이팝의 시스템을 바탕으로 다양한 국가에서 인재를 발굴하고 육성할 수 있습니다. 한국에서뿐만 아니라 해외에서도 연습생 프로그램을 운영하고, 각국의 음악계에서 활동할 수 있는 아티스트를 배출할 수 있습니다. 현재 대형 기획사의 사정만 보아도 모두 글로벌하게 인재를 발굴하는 시스템을 이미 갖추고 있고, 이러한 시스템은 아직 시작일 뿐이며, 더 발전할 기회가 있다고 생각합니다.

케이팝은 이미 세계적인 영향력을 확보한 상태에서 문화 다양성의 포용과 혁신을 통해 더 큰 성장의 가능성을 가지고 있습니다. 그러므로 세계 시장에서의 다양한 시도와 혁신적인 콘텐츠 개발로 꾸준한 인기를 유지할 수 있다고 생각합니다.

김형석 프로듀서님은 케이팝 세계화의 주역 가운데 하나라는 평가를 받습니다. 동시에 새로운 도전을 멈추지 않는 분으로 유명합니다. K-드라마와 케이팝의 결합, 버추얼 밴드 제작 등이 그것입니다. 이와 같은 도전을 계속하는 이유는 무엇입니까?

이제 모든 문화는 서로 융합합니다. 메디치 효과라는 말이 있는데요, 중세 이탈리아의 유명한 부를 축적한 가문이 메디치 가문인데, 메디치 가문이 모든 다양한 장르의 예술가들의 협업을 통해 새로운 형태의 문화, 예술을 만들어내는 데 기여했습니다. 그것을 메디치 효과라고 하는데, 그 부분이 르네상스의 초석이 되었습니다.

마찬가지로 디지털-라이제이션digitalization, 플랫폼 시대에도 모든 장르가 섞이고 있습니다. 새로운 형태의 콘텐츠를 만들어냅니다. 가장 중요하게 생각하는 부분은 '예술과 테크와 결합'이라고 생각합니다. 음악뿐 아니라 경제, 금융, 교육 등 모든 산업들이 테크와 결합하고 있습니다. 이제 AI까지 엔터의 영역에 활용되면서 큰 패러다임이 변화하고 있는 상황입니다. 저는 개인적으로 항상 그다음은 무엇을 할 것인가에 대한 호기심이 있습니다. 그리고 해보는 거죠.

물론 모험에는 손실이 따릅니다. 하지만 그 실패의 경험을 통해 목적과 방법이 더 선명해집니다. 저는 2년 전에 '사공이호'라는 버츄얼 밴드를 제작했는데요, 정말 재미있는 시도라고 생각합니다. 스토리 안에서 인간이 할 수 없는 상상력을 극대화했는데 여기에서 무궁한 가능성을 발견했습니다. 또한 캐릭터, VFX, NFT, 그리고 음악과의 결합을 통해서 많은 시도와 결과를 만들어냈습니다.

'사공이호' 등 버추얼 밴드와 A.I. 시대는 어울리는 조합입니다. 앞으로 A.I.는 인간을 능가할 것이라는 게 주된 예측입니다. 과연 인간 고유의 영역이라던 창작 분야까지 A.I.에 자리를 빼앗기게 될까요? 오늘날 창작 패러다임은 어떻게 바뀌고 있다고

보시나요?

    인공지능의 발전으로 창작 패러다임이 빠르게 변하고 있는 것은 사실입니다. 사람이 몇 시간 동안 해야 할 일을 단 몇 분 안에 해결합니다. 이는 단순노동뿐만 아니라 창작의 분야도 마찬가지입니다. A.I.가 현재 창작 패러다임을 바꾸고 있다는 것은 부정할 수 없는 사실이지만 인간 창작자들의 독창적인 아이디어와 감각은 여전히 중요합니다. A.I.는 이러한 인간의 창작 능력을 보완하고 지원함으로써 더 큰 시너지를 만들 수 있다고 생각합니다.

    많은 사람들이 저에게 묻습니다. "인간의 창작 방식이 A.I.를 뛰어넘을 수 있을까? A.I.를 활용해서 작품을 만드는 것이 비윤리적인가?" 저는 이 두 질문 자체가 난센스라고 생각합니다. 저는 큰 물결이 다가왔을 때 몸에 젖는 걸 염려하기보다는, 이 물결을 어떻게 타고 넘을 것인가가 훨씬 중요하다고 생각합니다. 특히 인간과 A.I.의 가장 큰 차이점은 먼저 상상력을 들 수 있고 두 번째는 인간이 갖고 있는 불안정성이라 할 수 있습니다. 우린 이 불안정성에 주목해야 합니다. 삶은 불안정성 때문에 서사가 생기고 갈등과 드라마가 생겨납니다. 그래서 향후 예술가는 두 종류로 분류될 것입니다.

첫째는 다양한 A.I. 솔루션의 융합을 통해 자신만의 특별한 작품을 만들어내는 아티스트가 있을 것이고 두 번째는 자기 안으로 더 들어가서 오랜 시간을 들여 창작해내는 예술가가 있을 것입니다. 그 말은 예술보다 예술가가 더 중요해지는 시대가 도래하고, 그때는 반드시 예술가의 진정성과 철학과 인문학이 결합한다는 것이죠. 대중 예술이 갖는 가장 기본적인 철학에 대해 일본의 철학자 이노우에 히사시가 표현한 것처럼 어려운 건 쉽게 표현하고 쉬운 건 깊게 표현하고 깊은 건 유쾌하게 표현하는 것이라 생각합니다.

케이팝의 인기와 더불어 한국어를 배우려는 사람이 급격히 늘고 있습니다. 최근 연구에 따르면 음악을 통해 언어를 가르치고 배우는 것은 좋은 교육 방법입니다. 하지만 저작권(IP) 문제로 인해 케이팝을 한국어 교육에 사용할 수가 없는데요. 여기에 대한 대안을 가지고 계신지요?

케이팝의 저작권 문제로 음악을 한국어 교육에 사용하는 데 어려움이 있다고 저도 전해 들은 바 있습니다. 이러한 대안으로 생각해볼 수 있는 것들은 기획사와의 협업입니다. 케이팝 기획사들과 협업해 일부 곡의 사용을 허가 받을 수 있습니다. 특히 언어 교육을 목적으로 한다면, 정부 교육 기관이나 언어 학습 프로그램을 위한 라이선스를 기획사에 요청할 수 있습니다. 이를 통해 기획사도 긍정적인 이미지를 구축하고, 글로벌 팬을 늘리는 데 도움을 얻을 수 있습니다.

교육 목적으로 사용할 경우에는 음악 저작권 협회와 협의해 라이선스를 받는 방안을 고려할 수 있고, 이를 통해 한국어 교육에 케이팝을 활용할 수 있도록 공식적인 절차와 제도를 마련할 수 있을 것입니다. 개인적으로 이번 옥스포드와 함께 편찬하는 한국어 교과서에 저의 곡 사용을 허락했습니다.

JYP, 하이브 창립자의 음악 멘토로 알려져 있는 데다 교육에 관심 많으신 것으로 압니다. 케이팝의 선한 영향력을 유지하려면 특히 교육이 중요하다는 데 동의합니다. 관련한 프로듀서님의 향후 계획을 듣고 싶습니다.

제가 음악 교육에 관심 있는 이유는 아버지가 음악 선생님이었기 때문입니다. 유전적으로 물려받은 셈이죠? 재능을 갖고 있는 사람에게 가치 있는 일은 그 재능을 나눠주는 것이라 생각합니다. 예술 교육은 1+1=2와 같은 방식의 교육이 아닙니다. 각자 개인의 성향에 따라 다른 답을 내놓을 수 있는 게 예술 교육입니다. 그 말은 곧 가르치면서 배운다는 것입니다. '친구가 될 수 없는 자는 스승이 될 수 없고, 스승이 될 수 없는 자는 친구가 될 수 없다'라는 말이 있습니다. 이게 예술 교육의 스승이 가져야 할 마음가짐이기도 합니다.

이제 A.I. 발전 덕분에 누구나 다 예술가가 되는 시대를 맞이했습니다. 여기 모인 모든 분들 또한 A.I. 음악 솔루션을 사용하신다면 모두가 작곡가가 될 수 있는 시대입니다. 그래서 음악과 음악이 좀 더 가치 있게 변화하기 위해서는 다양한 시도들이 필요한데 개인적으로는 철학과의 접목이 가장 중요하다고 생각합니다.

예를 들자면, 첫 번째로 대중음악은 메시지를 전달하는 방법이 매력적입니다. 알기 쉽고 따라 부르기 쉽고, 혼자서도 흥얼거릴 수 있습니다. 두 번째로 대중음악은, 상상력을 풍부하게 만듭니다. 메시지는 반복을 통해 각인되는데, "나는 생각한다, 고로 존재한다"라는 데카르트의 말에 빗대어 우리는 대중음악을 들으며 "나는 상상한다, 고로 느낄 수 있다"고 할 수 있습니다. 세 번째로는 '공감의 힘'

입니다. 옳다 그르다 편을 가르지 않고 공감의 힘으로 사람을 설득하는 힘이라 생각합니다. 네 번째로는 대중음악은 그 누구보다도 강력한 지지자들을 지니고 있습니다.

    대중음악은 선생이라기보다는 친구이며, 사람들의 기쁨과 슬픔을 함께하며, 압도적으로 사랑받는 동시에 의지하는 대상이기도 합니다. 또한 대중음악 앙상블을 중요하게 생각하고, 대중음악의 목적은 모두의 행복에 있다고 생각합니다. 이러한 것들이 철학의 본질과도 연결되어 있습니다. 팝 음악은 이처럼 큰 주제를 다루고 있지만 가진 만큼의 기회를 제대로 활용하고 있지 못하다고 생각합니다. 궁극적으로 본질적인 주제 의식이 필요합니다. 즉 더 크고 원대한 이상이 필요하다고 생각합니다.

    미래에는 좀 더 개혁적이고, 변혁적인 주제를 다루며, 그 내용을 함께 표현하고, 노래할 수 있는 팝 뮤지션이 필요합니다. 우리 내면의 삶, 이것을 채워줄 철학과 팝 음악의 합성을 기대합니다. 바로 이런 점들이 향후 문화, 예술, 교육에 필요한 부분이 아닐까 생각합니다.

삶의 속도는 안단테

초판 1쇄 발행	2025년 6월 18일
초판 1쇄 발행	2025년 6월 27일
지은이	김형석·스토리베리
책임편집	주소림
디자인	MALLYBOOK 최윤선, 오미인, 조여름
본문 사진	LOTS STUDIO
책임마케팅	최혜령, 박지수, 도우리
마케팅	콘텐츠 IP 사업본부
해외사업	한승빈
경영지원	백선희, 권영환, 이기경, 최민선
제작	재영P&B
펴낸이	서현동
펴낸곳	㈜오팬하우스
출판등록	2024년 5월 16일 제2024-000141호
주소	서울특별시 강남구 테헤란로 419, 11층 (삼성동, 강남파이낸스플라자)
이메일	info@ofh.co.kr

ⓒ 김형석

ISBN 979-11-988099-8-8   03810

스튜디오오드리는 ㈜오팬하우스의 출판브랜드입니다.
- 이 책은 저작권법에 따라 보호받는 저작물이므로 무단전재와 무단복제를 금지하며, 이 책 내용의 전부 또는 일부를 이용하려면 반드시 저작권자와 ㈜오팬하우스의 서면동의를 받아야 합니다.
- 책값은 뒤표지에 표시되어 있습니다.
- 잘못된 책은 구입하신 서점에서 바꿔드립니다.